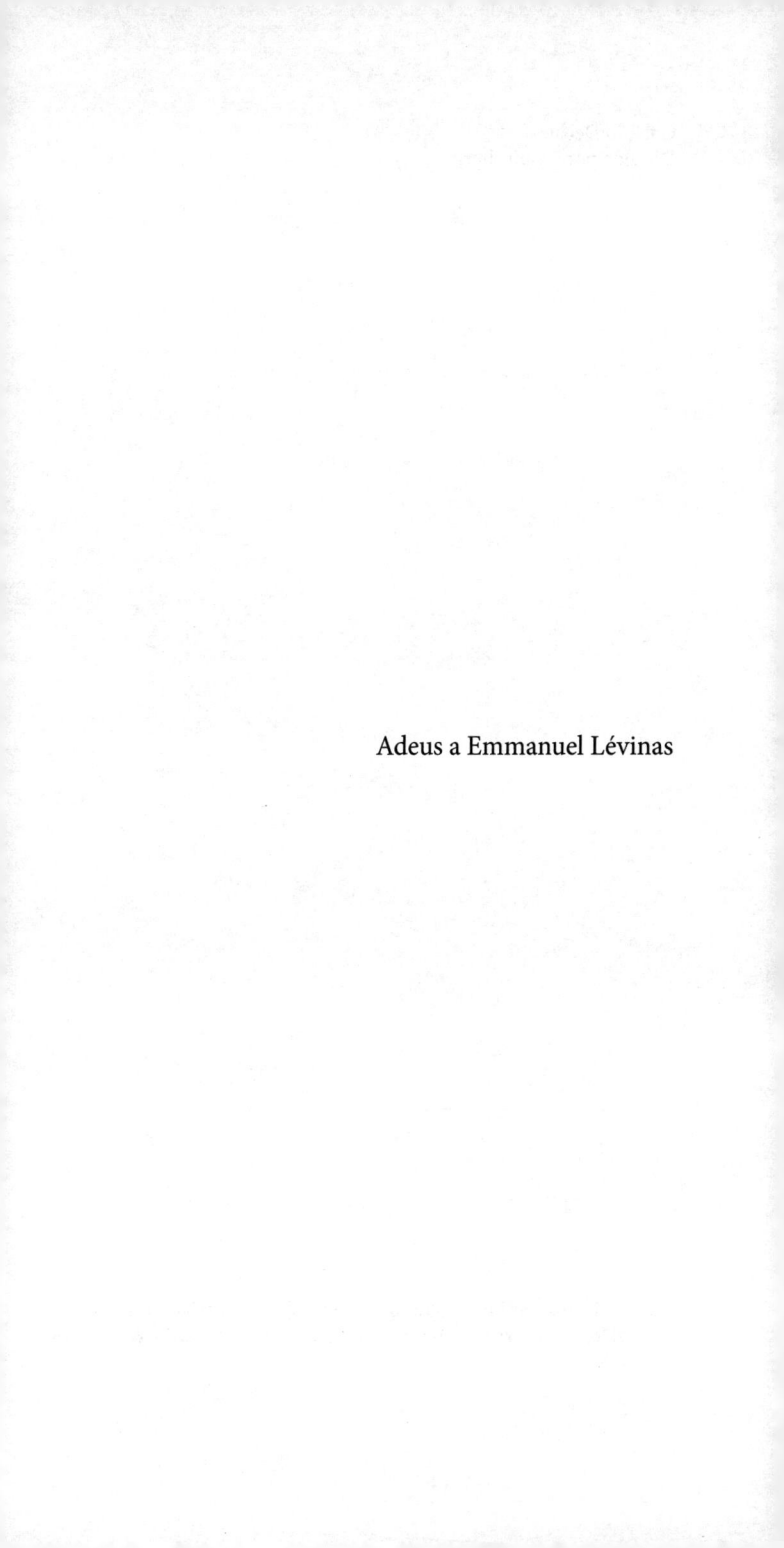

Adeus a Emmanuel Lévinas

Coleção Debates
Dirigida por J. Guinsburg

Equipe de Realização – Tradução: Fábio Landa com a colaboração de Eva Landa; Revisão: Cristina Ayumi Futida; Produção: Ricardo W. Neves e Sergio Kon.

jacques derrida
ADEUS A EMMANUEL LÉVINAS

PERSPECTIVA

Título do original em francês
Adieu à Emmanuel Lévinas de Jacques Derrida

© Éditions Galilée, 1997

Dados Internacionais de Catalogação na Publicação (CIP)
(Câmara Brasileira do Livro, SP, Brasil)

Derrida, Jacques 1930-2004.
Adeus a Emmanuel Lévinas / Jacques Derrida ; [tradução Fábio Landa com a colaboração de Eva Landa].
-- São Paulo : Perspectiva, 2015. -- (Debates ; 296 / dirigida por J. Guinsburg)

Título original: Adieu à Emmanuel Lévinas.
3. reimpr. da 1. ed. de 2004.
Bibliografia.
ISBN 978-85-273-0688-1

1. Filósofos judeus - França 2. Levinas, Emmanuel, 1906-1995 3. Lévinas, Emmanuel, 1906-1995 - Crítica e interpretação I. Guinsburg, J.. II. Título. III. Série.

08-02678 CDD-194

Índices para catálogo sistemático:
1. Filosofia francesa 194
2. Levinas, Emmanuel : Obras filosóficas 194

1ª edição – 3ª reimpressão

Direitos em língua portuguesa reservados à
EDITORA PERSPECTIVA.

Av. Brigadeiro Luís Antônio, 3025
01401-000 – São Paulo – SP – Brasil
Telefax: (11) 3885-8388
www.editoraperspectiva.com.br

2015

SUMÁRIO

Adeus 13

A Palavra Acolhimento 31

   Boas-vindas, Sim, Boas-vindas 33

   I. 39

   II. 63

   III. 71

   IV. 91

   V. 99

   VI. 121

NOTA DE EDIÇÃO

Por uma questão de fidelidade ao texto original, foram mantidos grifos entre aspas e hífens em palavras e expressões que normalmente não se apresentariam dessas formas de acordo com os padrões das publicações da Editora Perspectiva e da língua portuguesa.

"Adeus" foi um discurso pronunciado por ocasião da morte de Emmanuel Lévinas, em 27 de dezembro de 1995, no cemitério de Pantin.

Jamais teríamos ousado publicar tais palavras, arrancadas apressadamente à tristeza e à noite, se a iniciativa não tivesse sido tomada por Vanghélis Bitsoris, com uma delicadeza generosa e exigente, a princípio sob a forma de um pequeno livro editado em Atenas (Edições AGRA), em grego. Suas notas, que reproduzimos aqui, são mais do que "notas de tradutor". Agradecemos a ele tê-las escrito e depois traduzido para nós.

"A Palavra Acolhimento" é o texto de uma conferência pronunciada um ano depois, em 7 de dezembro de 1996, no Anfiteatro Richelieu da Sorbonne, na abertura de uma "Homenagem a Emmanuel Lévinas". Organizado pelo Colégio Internacional de Filosofia, sob a responsabilidade de Danielle Cohen-Lévinas, esse encontro durou dois dias e intitulou-se "Rosto e Sinai".

ADEUS*

---

* As notas deste capítulo foram estabelecidas por Vanghélis Bitsoris na sua tradução grega de *Adeus* para as Edições AGRA (1996).

Há muito tempo, há tanto tempo, eu temia ter de dizer *Adeus* a Emmanuel Lévinas. Sabia que minha voz tremeria no momento de fazê-lo, e sobretudo de fazê-lo em voz alta, aqui, diante dele, tão perto dele, pronunciando esta palavra de adeus, esta palavra "a Deus" que de uma certa maneira, recebi dele, esta palavra que ele me ensinou a pensar[1] ou a pronunciar de outra forma.

Ao meditar sobre o que Emmanuel Lévinas escreveu sobre a palavra francesa "adeus", e que evocarei dentro de um

1. Cf. J. Derrida, "Donner la mort", em *L'Éthique du don*, Paris, Éd. Métailié – Transition, 1992, pp. 50-51: "suponho que *adieu* ("adeus", em francês) possa significar ao menos três coisas: 1. A saudação ou a bênção dada (antes de toda linguagem constativa, "adeus" pode também significar "bom dia", "vejo você", "vejo que você está aí", falo com você antes de dizer qualquer coisa – e em francês, ocorre que em alguns lugares, se diz *adeus* no momento do encontro e não no da separação). 2. A saudação ou a bênção dada no momento de se separar, e de se deixar por vezes para sempre (e não se pode jamais excluir essa possibilidade): sem retorno aqui em baixo, no momento da morte. 3. O a-deus (*a-dieu*), o para Deus ou o diante de Deus antes de tudo e em toda relação com o outro, em qualquer outro adeus. Toda relação com o outro seria, antes e depois de tudo, um adeus".

instante, espero encontrar uma forma de encorajamento para poder tomar a palavra aqui. Gostaria de fazê-lo com palavras nuas, tão infantis e inermes quanto minha dor.

A quem nos dirigimos num momento como este? E em nome de quem nos autorizaríamos a fazê-lo? Frequentemente, aqueles que se apresentam então para falar, para falar publicamente, interrompendo assim o murmúrio animado, as trocas secretas ou íntimas que sempre nos ligam, em nosso foro interior, ao amigo ou ao mestre morto, frequentemente aqueles que fazem então escutar sua voz num cemitério, dirigem-se *diretamente, em linha reta*, àquele de quem se diz que não está mais, que não está mais vivo, que não está mais aqui, que não responderá mais. As lágrimas na voz mostram uma certa intimidade com o outro que guarda silêncio, elas o interpelam sem desvios ou mediação, elas o apostrofam, elas o saúdam também ou se confiam a ele. Não se trata forçosamente de uma necessidade convencional, nem sempre de uma facilidade retórica da oração. Trata-se sobretudo de fazer passar a palavra, lá onde as palavras nos faltam, e porque toda linguagem que se voltasse sobre si-mesma, sobre nós, pareceria indecente, como um discurso reflexivo que retornaria para a comunidade ferida, para seu consolo ou seu luto, para o que se denomina por essa expressão confusa e terrível o "trabalho de luto". Ocupada consigo mesma, tal palavra correria o risco, neste retorno, de desviar-se do que é aqui nossa lei – e a lei como *retidão*: falar diretamente, dirigir-se diretamente *ao* outro, e falar *ao* outro que amamos e admiramos, antes de falar *dele*. Em princípio, dizer-lhe "*adeus*", a ele, a Emmanuel, e não apenas lembrar o que ele nos tinha ensinado sobre um certo Adeus.

Comecei também a escutar de outra maneira e a apreender a palavra "*retidão*" quando esta me veio de Emmanuel Lévinas. Dentre todos os lugares em que ele fala da retidão, penso em primeiro lugar numa de suas *Quatro Leituras Talmúdicas* porque aí a retidão designa aquilo que é, segundo ele, "mais forte do que a morte"[2].

---

2. E. Lévinas, *Quatro Leituras Talmúdicas*. Trad. bras. São Paulo, Perspectiva, 2003, p. 99.

Porém, guardemo-nos também de procurar, em tudo o que se diz ser "mais forte do que a morte", um refúgio ou um álibi, ou ainda um consolo. No "Texto do Tratado *Schabat*"[3], para definir a retidão, Emmanuel Lévinas diz sobre a consciência, que ela é a "urgência de uma destinação levando ao outro e não um eterno retorno a si"[4], ou ainda,

inocência sem ingenuidade, uma retidão sem simploriedade, retidão absoluta que é também crítica absoluta de si, lida nos olhos daquele que é o objeto desta retidão e cujo olhar me coloca em questão. Movimento para o outro que não retorna ao seu ponto de origem como para aí retorna o divertimento incapaz de transcendência. Movimento para além do cuidado e mais forte do que a morte.
Retidão que se chama *Temimut*, essência de Jacob[5].

Como sempre, a mesma meditação desenvolvia, mas a cada vez de maneira singular, todos os grandes temas aos quais o pensamento de Emmanuel Lévinas nos tinha despertado: o tema da responsabilidade em primeiro lugar, mas de uma responsabilidade "ilimitada"[6] que ultrapassa e precede minha liberdade, a responsabilidade de um "sim incondicional"[7], segundo esse texto, de um "*sim* mais antigo que a espontaneidade ingênua"[8], um *sim* em acordo com esta retidão que é "fidelidade original em relação a uma aliança irresilével"[9]. E as últimas palavras dessa Lição se referem à morte[10], seguramente, mas, justamente, para não deixar-lhe a última palavra, nem a primeira. Elas nos lembram um motivo constante do que foi, certamente, uma imensa e incessante meditação sobre

3. Trata-se da "Segunda lição" das *Quatro Leituras Talmúdicas*.
4. *Idem*, p. 98.
5. *Idem*, pp. 98-99.
6. Ver por exemplo, *idem*, p. 101: "Certamente, minha responsabilidade por todos pode manifestar-se também através da limitação em nome dessa responsabilidade ilimitada o eu pode ser chamado a se preocupar também consigo".
7. "Não acabamos de cometermos a imprudência de afirmar que a primeira palavra, aquela que torna possível todas as outras e até o não da negatividade e o 'entre-os-dois' que é 'a tentação da tentação', é um sim incondicional?" *idem*, p. 99 (ed. francesa).
8. *Idem*.
9. *Idem*, p. 100.
10. Ver *idem*, p. 102.

a morte, mas por um caminho na contracorrente da tradição filosófica, de Platão a Heidegger. Noutro lugar, antes de dizer o que deve ser o a-Deus, um outro escrito fala da "retidão extrema do rosto do próximo" como "retidão de uma exposição à morte, sem defesa"[11].

Não posso e nem mesmo quero tentar avaliar aqui algumas palavras da *obra* de Emmanuel Lévinas. Não se distinguem nem mesmo os limites desta, tanto ela é imensa. E seria necessário começar por reaprender com ele e com *Totalité et infini* (Totalidade e Infinito), por exemplo, a pensar o que é uma "obra"[12] – e o que é a fecundidade[13]. Então pode-se prever, com certeza, que séculos de leitura serão empregados nessa tarefa. Todos os dias, para além mesmo da França e da Europa, já temos mil indicações – através de tantas obras em tantas línguas, tantas traduções, tantos colóquios etc. – de que a repercussão deste pensamento mudou o curso da reflexão filosófica de nosso tempo, e da reflexão sobre a filosofia, sobre o que ordena a filosofia à ética, a um outro pensamento sobre a ética, sobre a responsabilidade, sobre a justiça, sobre o Estado, etc., a um outro pensamento sobre o outro, a um pensamento mais novo que tantas novidades, porque ele se ordena à anterioridade absoluta do rosto do outro.

---

11. E. Lévinas, "La mauvaise conscience et l'inexorable", em *Exercices de la patience*, n. 2, inverno, 1981, pp. 111-112.

12. Ver por exemplo, E. Lévinas, *Totalité et Infini*, Martinus Nijhoff, La Haye,1980, pp. 149-153. Em "La Trace de l'autre" (1963) Lévinas define assim a Obra: "*A Obra pensada radicalmente é efetivamente um movimento do Mesmo em direção ao Outro que não retorna jamais ao Mesmo*. Ao mito de Ulisses retornando a Ítaca, gostaríamos de opor a história de Abrahão deixando para sempre sua pátria por uma terra ainda desconhecida e proibindo ao seu servidor até mesmo de levar seu filho ao ponto de partida. A Obra pensada até as últimas consequências exige uma generosidade radical do Mesmo que na Obra vai em direção ao Outro. Ela exige consequentemente uma *ingratidão* do Outro. A gratidão seria precisamente o *retorno* do movimento a sua origem", *En découvrant l'existence avec Husserl et Heidegger*, Paris, Éd. Vrin, 1967, p. 191. Cf. também J. Derrida, "En ce moment même dans cet ouvrage me voice", em *Textes pour Emmanuel Lévinas*, Paris, Éd. Jean-Michel Place, 1980, pp. 48-53.

13. Ver por exemplo *Totalité et Infini, op. cit.*, pp. 244-247 e sobretudo p. 245 onde Lévinas põe em relação a fecundidade e a obra.

Sim, a ética antes e para além da odontologia, o Estado ou da política, porém ética também para-além da ética. Um dia na rua Michel-Ange, no decurso de uma dessas conversas cuja memória me é tão cara, numa dessas conversas iluminadas pelo brilho do seu pensamento, a bondade de seu sorriso, o humor graciso de suas elipses, ele me diz: "você sabe, fala--se frequentemente de ética para descrever o que faço, mas o que me interessa, afinal das contas, não é a ética, não apenas a ética, é o santo, a santidade do santo". E pensei então numa separação particular, a separação única daquele véu dado, ordenado por Deus, aquele véu que Moisés devia confiar antes a um inventor ou a um artista que a um bordador, e que, no santuário, *separaria* ainda mais o santo dos santos[14], como pensei também no fato de que outras *Lições Talmúdicas* afinam a necessária distinção entre a sacralidade e a santidade, quer dizer, a santidade do outro, a santidade da pessoa sobre a qual Emmanuel Lévinas dizia em outro lugar que ela é "mais santa que uma terra, mesmo quando a terra é Terra Santa. Ao lado de uma pessoa ofendida, esta terra – santa e prometida – só é nudez e deserto, um amontoado de madeira e de pedras"[15].

Esta meditação sobre a ética, da transcendência do santo em relação ao sagrado, isto é, do paganismo das raízes e da idolatria do lugar, foi indissociável, como sabemos, de uma reflexão incessante sobre o destino e o pensamento de Israel, ontem, hoje e amanhã, não apenas através das heranças, re--interrogadas e re-afirmadas, da tradição bíblica e talmúdica, mas também da aterradora memória do nosso tempo. Esta memória dita, de perto ou de longe, cada uma dessas frases, mesmo se possa ter ocorrido a Lévinas de protestar contra

---

14. *Êxodo*, 26, 31: "E farás um véu à entrada da tenda, de tecido de lã azul-celeste, púrpura, carmesim e linho torcido, obra de bordador. [...] e separará a divisória para vós entre a santidade e a santidade das santidades" tradução Meir Matzliah Melamed, São Paulo, Ed. Sêfer, 2001, p. 240. A abertura da tenda estava protegida por uma cortina (*epispastron*, segundo a tradução grega *Versão dos Setenta (Septuaginta)*, enquanto que no interior da tenda um "véu" (*katapétasma*) separava "o santo e o santo dos santos" (*to hagion kai to hagion tôn hagiôn*).

15. Cf. o prefácio de Lévinas ao livro de Marlène Zarader, *Heidegger et les paroles de l'origine*, Paris, Éd. Vrin, 1986, pp. 12-13.

certos abusos autojustificativos aos quais podiam por vezes ceder esta memória e a referência ao holocausto.

Porém, renunciando aos comentários e às questões, gostaria apenas de render homenagem àquele cujo pensamento, cuja amizade, confiança, "bondade" (e dou a esta palavra "bondade" todo o alcance que lhe conferem as últimas páginas de *Totalidade e Infinito*[16]) terão sido para mim, como para tantos outros, uma fonte viva, tão viva, tão constante, que não consigo pensar o que lhe acontece ou o que me acontece hoje, ou seja, a interrupção, uma certa não resposta numa resposta que não terá, enquanto eu viver, um final para mim.

A não resposta: vocês sabem indubitavelmente que no seu admirável curso de 1975-1976 (há precisamente vinte anos) sobre "A morte e o tempo"[17], onde ele definiu a morte como paciência do tempo[18], e onde ele se engaja numa grande e nobre explicação crítica com Platão e Hegel e sobretudo com Heidegger, Emmanuel Lévinas definiu em várias oportunidades a morte, a morte que "nós encontramos" "no rosto do outro"[19], como *não resposta*[20]; "ela é sem-resposta"[21], diz

16. Ver *Totalité et Infini, op. cit.*, pp. 281-283.

17. Trata-se de um dos dois cursos de Lévinas na Sorbonne (Paris IV) durante o ano letivo de 1975-1976, que foi publicado pela primeira vez em 1991 sob o título "La mort et le temps" no volume *Emmanuel Lévinas* (Cahiers de l'Herne, n. 60, pp. 21-75), depois em 1993 (com o outro curso do mesmo ano: "Dieu et l'onto-théo-logie" na obra *Dieu, la mort et le temps*, Paris, Éd. Grasset.

18. "No decorrer do tempo, cuja significação não deve talvez referir-se ao par ser-nada como referência última daquilo que tem sentido, de tudo o que tem sentido e de tudo o que é pensado, de todo humano, a morte é um ponto cujo tempo guarda toda sua paciência, essa espera recusando-se à sua intencionalidade de espera – 'paciência e lentidão do tempo', diz o provérbio, paciência como ênfase da passividade. Donde a orientação deste curso: a morte como paciência do tempo", *Dieu, la mort et le temps, op. cit.*, p. 16.

19. Ver *idem*, p. 122: "Reencontramos a morte no rosto do outro".

20. Cf. *idem*, p. 17: "A morte é o desaparecimento, nos seres, desses movimentos expressivos que os faziam aparecer como viventes – esses movimentos que são sempre *respostas*. A morte vai tocar antes de mais nada essa autonomia ou essa expressividade dos movimentos até chegar a encobrir o rosto. A morte é o *sem-resposta*".

21. Cf. *idem*, p. 20: "A morte é desvio irremediável: os movimentos biológicos perdem toda dependência em relação à significação, à expressão. A morte é decomposição; ela é o sem-resposta".

ele. Em outro lugar: "existe aí um final que tem sempre a ambiguidade de uma partida sem retorno, de um óbito, porém também de um escândalo ("é possível que ele esteja morto?") de não resposta e de minha responsabilidade"[22].

A morte: não em primeiro lugar o aniquilamento, o não ser ou o nada, porém uma certa experiência, para o sobrevivente, do "sem-resposta". Já em *Totalidade e Infinito* ele colocava em questão a interpretação tradicional, "filosófica e religiosa", da morte seja como "passagem ao nada", seja como "passagem a uma existência outra"[23]. Identificar a morte com o nada é o que gostaria de fazer o assassino, Caim por exemplo, que, diz Emmanuel Lévinas, "devia possuir esse saber sobre a morte"[24]. Porém mesmo esse nada se apresenta então como "uma espécie de impossibilidade" ou mais precisamente como uma interdição[25]. O rosto do outro me interdita matar, ele me diz "tu não matarás"[26] mesmo se esta possibilidade permanece suposta pelo interdito que a torna impossível. Essa questão sem resposta, essa questão do sem-resposta seria então não derivável, primordial, como a interdição de matar,

22. *Idem*, p. 47.
23. "A morte é interpretada em toda a tradição filosófica e religiosa como passagem ao nada, ou como passagem a uma existência outra, prolongando-se num novo cenário", *Totalité et Infini, op. cit.*, p. 208.
24. Ver *idem*, p. 209: "Nós a abordamos [a morte] como nada de uma maneira mais profunda e de certa forma *a priori*, na paixão do assassinato. A intencionalidade espontânea dessa paixão visa o aniquilamento. Caim, quando matou Abel, devia possuir da morte este saber. A identificação da morte ao nada convém à morte do Outro no assassinato".
25. Ver *idem*: "A identificação da morte ao nada convém à morte do Outro no assassinato. Porém este nada se apresenta aí, ao mesmo tempo, como uma espécie de impossibilidade. Efetivamente, fora da minha consciência moral, o Outro não poderia se apresentar como Outro e seu rosto expressa minha impossibilidade moral de aniquilar. Interdição que não equivale seguramente à impossibilidade pura e simples e que supõe mesmo a possibilidade que ela precisamente interdita; porém, em realidade, a interdição já se coloca nesta possibilidade, ao invés de supô-la; ela não se acrescenta no *après-coup*, porém me observa do fundo dos olhos que eu quero extinguir e me observa como o olho que na tumba observará Caim".
26. Cf. *Dieu, la mort et le temps, op. cit.*, p. 123: "Fazer aparecer a questão que a morte levanta na proximidade do próximo, questão que, paradoxalmente, é minha responsabilidade por sua morte. A morte é abertura ao rosto do Outro, o qual é expressão do mandamento: "Não matarás".

mais originária que a alternativa do "Ser ou não ser"[27] que não é pois nem a primeira nem a última questão. "Ser ou não ser", conclui em outro ensaio, "provavelmente, não reside aí a questão por excelência"[28].

Eu assinalaria hoje que nossa tristeza infinita deveria se guardar de tudo aquilo que, no luto se dirigiria para o nada, quer dizer aquilo que une ainda, mesmo que potencialmente, a culpabilidade ao assassinato. Efetivamente, Lévinas fala da culpabilidade do sobrevivente. Porém, é uma culpabilidade sem falta e sem dívida, na verdade, uma *responsabilidade confiada*, e confiada num momento de emoção sem equivalente, no momento em que a morte permanece a exceção absoluta[29]. Para dizer essa emoção sem precedente, esta emoção que sinto aqui e compartilho com vocês, que o pudor nos interdita de exibir, para precisar, sem confidência nem exibição pessoal, no que esta emoção singular se refere à responsabilidade confiada, confiada por herança, permitam-me deixar ainda uma vez a palavra a Emmanuel Lévinas, cuja voz eu gostaria tanto de escutar hoje quando ela fala da "morte do outro" como "a morte primeira", precisamente lá onde "eu sou responsável pelo outro na medida em que ele é mortal"[30]. Ou ainda o que afirma, no curso de 1975-1976:

> A morte de alguém não é, apesar de tudo o que poderia parecer à primeira vista, uma facticidade empírica (morte como fato empírico cuja universalidade apenas a indução poderia sugerir); ela não se esgota nesse aparecer.

27. Cf. *ibidem*, p. 23: "A morte é ao mesmo tempo cura e impotência; ambiguidade que indica talvez uma outra dimensão de sentido que aquela em que a morte é pensada na alternativa ser/não ser. Ambiguidade: enigma".
28. Ver "La mauvaise conscience et l'inexorable", em *Exercices de la patience*, *op. cit.*, p. 113.
29. Lévinas define a morte como "ex-ceção" da seguinte maneira: "A relação com a morte do outro não é um *saber* sobre a morte do outro nem a experiência desta morte em sua maneira de aniquilar o ser (se, como se pensa corriqueiramente, o evento desta morte se reduz a este aniquilamento). Não há saber sobre esta relação ex-cepcional (ex-ceção: distinguir e colocar fora da sequência)", *Dieu, la mort et le temps*, *op. cit.*, p. 25.
30. Ver *idem*, p. 54: "É da morte do outro que sou responsável a ponto de me incluir na morte. O que se mostra talvez numa proposição mais aceitável: "Eu sou responsável pelo outro enquanto ele é mortal". A morte do outro é a morte primeira".

Alguém que se exprime na nudez – o rosto – é alguém pronto a apelar a mim, a se colocar sob minha responsabilidade: doravante, tenho de responder por ele. Todos os gestos do outro eram sinais dirigidos a mim. Para retomar a gradação esboçada acima: mostrar-se, exprimir-se, associar-se, *ser me confiado*. O Outro que se exprime me é confiado (e não existe dívida em relação ao outro – já que o devido é impagável: não se está jamais quites). (Mais adiante, tratar-se-á da questão de um "dever para além de toda dívida" para o eu que só é o que ele é, singular e identificável, pela impossibilidade de ser substituído onde, pelo contrário, a "responsabilidade pelo outro", a "responsabilidade do refém" é uma experiência da substituição[31] e do sacrifício). O outro me individualiza na responsabilidade que eu tenho por ele. A morte do outro que morre me afeta na minha identidade de eu responsável [...] feita de indizível responsabilidade. É isso, minha afetação pala morte do outro, minha relação com sua morte. Ela já é, na minha relação, na minha deferência a alguém que não responde mais, uma culpabilidade – uma culpabilidade de sobrevivente[32].

E mais adiante:

A relação à morte em sua ex-ceção – e ela é uma exceção, qualquer que seja sua significação em relação ao ser e ao nada, – que confere à morte sua profundidade não é nem ver nem mesmo visar (nem ver o ser como em Platão nem visar o nada como em Heidegger), relação puramente emocional, emocionante de uma emoção que não se faz pela repercussão, sobre nossa sensibilidade e nosso intelecto, de um saber prévio. É uma emoção, um movimento, uma inquietação no *desconhecido*[33].

Desconhecido está sublinhado. "Desconhecido" nada diz do limite negativo de um conhecimento. Esse não saber é o elemento da amizade ou da hospitalidade para a transcendência do estrangeiro, a distância infinita do outro. "Desconhecido" é a palavra que Maurice Blanchot escolheu para intitular um ensaio, "Conhecimento do Desconhecido"[34], que ele consagrou àquele que foi, desde seu encontro em Estrasburgo, em 1923, o amigo, a amizade do amigo.

31. Cf. *idem*, p. 199: "Essa responsabilidade pelo outro é estruturada como um-pelo-outro, até um ser *refém* do outro, refém em sua própria identidade de convocado insubstituível, antes de qualquer retorno sobre si. Para o outro à guisa de si-mesmo, até a *substituição* do outro".
32. *Idem*, p. 21.
33. *Idem*, pp. 25-26.
34. Trata-se do texto "Connaissance de l'inconnu", que foi publicado pela primeira vez na revista *Nouvelle revue française*, n. 108, 1961, pp. 1081-1095. E publicado novamente em 1969 no *L'Entretien infini*, Paris, Éd. Gallimard, pp. 70-83.

Sem dúvida, para muitos dentre nós, para mim seguramente, a fidelidade absoluta, a exemplar amizade de pensamento, a *amizade* entre Maurice Blanchot e Emmanuel Lévinas foi uma graça; ela permanece como uma bênção desse tempo e, por mais de uma razão, a sorte bendita por aqueles que tiveram o insigne privilégio de ser amigo de um e de outro. Para escutar, ainda hoje, aqui mesmo, Blanchot falar para Lévinas, e com Lévinas, como ocorreu comigo em companhia deles num dia feliz de 1968, citarei algumas linhas. Depois de ter nomeado aquilo que nos cativa no outro, depois de ter falado de um certo "rapto"[35] (a palavra da qual Lévinas se serve frequentemente para falar da morte[36]), Blanchot diz:

> Porém, não é preciso desesperar da filosofia. Pelo livro de Emmanuel Lévinas, *Totalidade e Infinito*, onde parece-me que ela nunca falou, em nosso tempo, de uma maneira mais grave, recolocando em questão, como é necessário, nossos modos de pensar e até mesmo nossa reverência fácil pela ontologia, somos convocados a tornar-nos responsáveis pelo que ela é essencialmente, acolhendo precisamente a ideia do Outro, quer dizer, a relação com o outro, em todo o esplendor e a exigência infinita que lhes são próprios. Encontra-se aí como um novo ponto de partida da filosofia e um salto que ela e nós mesmos seríamos exortados a realizar[37].

Se a relação ao outro supõe uma separação infinita, uma interrupção infinita onde aparece o rosto, o que acontece,

---

35. Ver *L'Entretien infini, op. cit.*, p. 72: "Eu acrescentaria que, se podemos negociar com esta incógnita, isto se dá precisamente no medo, ou na angústia, ou num desses movimentos extáticos, que vocês recusam como não filosóficos: aí temos um certo pressentimento do Outro; ele nos toma, nos abala, nos encanta, arrancando-nos a nós mesmos. –Precisamente, porém, para nos mudar no Outro. Se, no conhecimento, seja ele dialético e por todos os intermediários que se queira, há apropriação do objeto pelo sujeito, e do outro pelo mesmo, e pois afinal, redução do desconhecido ao já conhecido, na surpresa do susto há alguma coisa de pior, porque é o eu que se perde e o mesmo que se altera, transformado vergonhosamente em outro que eu-mesmo".

36. Cf. *Dieu, la mort et le temps, op. cit.*, p. 134: "Minha mortalidade, minha condenação à morte, meu tempo no momento da morte, minha morte que não é possibilidade da impossibilidade porém puro rapto, constituem essa absurdidade que torna possível a gratuidade de minha responsabilidade pelo outro".

37. *L'Entretien infini, op. cit.*, pp. 73-74.

onde e a quem acontece quando uma outra interrupção vem, no momento da morte, aprofundar ainda de infinito o fosso dessa separação primeira, interrupção dilacerante no âmago da interrupção propriamente dita? Não posso nomear a interrupção sem me lembrar, como alguns dentre vocês sem dúvida se lembram, esta angústia da interrupção que eu sentia em Emmanuel Lévinas quando, ao telefone por exemplo, ele parecia a cada instante apreender o corte e o silêncio ou o desaparecimento, o "sem-resposta" do outro que ele chamava imediatamente e recuperava com um "alô, alô" entre cada frase e por vezes mesmo no meio da frase.

Que se passa então quando um grande pensador se cala, alguém que conhecemos em vida, que lemos e relemos, escutamos também, de quem se esperava ainda uma resposta, como se ela devesse nos ajudar não apenas a pensar de outra maneira mas ainda a ler aquilo que acreditávamos já ter lido no que ele assinava, e que ainda reservava tudo, e tão mais do que aquilo que acreditávamos já ter reconhecido?

Eis aí uma experiência que, com Emmanuel Lévinas, eu já aprendi que ela permaneceria para mim interminável, como com os pensamentos que são fontes, ou seja, que não cessarei de começar, de re-começar a pensar com eles a partir do novo começo que eles me proporcionam – e começarei ainda e ainda a redescobri-los sobre qualquer tema. Cada vez que leio ou releio Emmanuel Lévinas sinto-me inundado de gratidão e de admiração, inundado por esta necessidade, que não é um constrangimento, porém uma força muito doce que obriga e que obriga, não a curvar de outra maneira o espaço do pensamento no seu respeito ao outro, mas a render-se a esta outra curvatura heteronômica[38] que nos refere ao completamente

---

38. Cf. *Totalité et Infini, op. cit.*, pp. 59-60: "O Outro me mede com um olhar incomparável ao olhar com o qual eu o descubro. A dimensão de *altura* em que se coloca o Outro é como a primeira curvatura do ser à qual se liga o privilégio do Outro, o desnivelamento da transcendência. O Outro é metafísico, [...] A relação com o Outro não se desloca, como o conhecimento, em gozo e posse, em liberdade. O Outro se impõe como uma exigência que domina esta liberdade e, assim, como mais original que tudo o que se passa em mim. [...] A presença do Outro – heteronomia privilegiada – não fere a liberdade, mas a investe".

outro (quer dizer, à justiça, diz ele em algum lugar, numa poderosa e formidável elipse: a relação ao outro quer dizer a justiça[39]), segundo a lei que conclama então a render-se à outra precedência infinita do completamente outro.

Ela teria vindo, como esta conclamação, incomodar discreta porém irreversivelmente, os pensamentos mais fortes e mais assegurados deste fim de milênio, a começar pelos de Husserl ou de Heidegger que Lévinas, diga-se de passagem, introduziu na França, há mais de 65 anos! Porque este país que ele amou por sua hospitalidade (e *Totalidade e Infinito* demonstra não somente que "a essência da linguagem é bondade" porém ainda que "a essência da linguagem é amizade e hospitalidade"[40]), esta França hospitaleira deve-lhe, entre tantas e tantas coisas, entre tantas e tantas iluminações, ao menos dois acontecimentos em que o pensamento irrompe, dois atos inaugurais dos quais é difícil reconhecer o alcance hoje em dia, tanto eles foram incorporados aos próprios fundamentos de nossa cultura filosófica, depois de terem transformado sua paisagem.

Para dizer resumidamente, a partir de 1930, através de traduções e de leituras interpretativas, foi a primeira abertura à fenomenologia husserliana que irrigou e fecundou por sua vez tantas correntes filosóficas francesas; depois, e na verdade, simultaneamente, foi também a primeira abertura ao pensamento heideggeriano que não contou menos na genealogia de tantos filósofos, professores e estudantes franceses. Husserl e Heidegger ao mesmo tempo, desde 1930.

---

39. Cf. *idem*, p. 62: "Acolhimento do outro – o termo expressa uma simultaneidade de atividade e de passividade – que situa a relação com o outro fora das dicotomias válidas para as coisas: do *a priori* e do *a posteriori*, da atividade e da passividade. Porém, queremos também mostrar como partindo do saber identificado com a tematização, a verdade deste saber conduz à relação com o outro – quer dizer, à justiça".
40. *Idem*, p. 282: "Colocar o ser como Desejo e como bondade não é isolar de antemão um eu que tenderia em seguida a um para-além. É afirmar que perceber-se do interior – produzir-se como eu – é perceber-se pelo mesmo gesto que já se volta para o exterior para extraverter e manifestar – para responder pelo que ele percebe – para exprimir; que a tomada de consciência já é linguagem; que a essência da linguagem é bondade, ou ainda, que a essência da linguagem é amizade e hospitalidade".

Ontem à noite, quis reler algumas páginas desse livro prodigioso[41] que foi para mim, como para muitos outros antes de mim, o primeiro e o melhor guia. Observei nele frases que marcam uma época e permitem medir o caminho que ele nos ajudou a percorrer. Em 1930, um jovem de 23 anos dizia no prefácio que eu relia, sorrindo, sorrindo para ele: "o fato que na França, a fenomenologia não é ainda uma doutrina conhecida de todos, deixou-nos bastante embaraçados na composição deste livro"[42]. Ou ainda, falando da "filosofia tão potente e original de M. Heidegger"[43] "de quem se reconhecerá frequentemente a influência sobre este livro"[44], o mesmo livro lembra também que, eu cito, "o problema que colocado aqui pela fenomenologia transcendental orienta-se em direção a um problema ontológico, no sentido bem particular que Heidegger confere a este termo"[45].

O segundo evento, o segundo abalo filosófico, direi mesmo o feliz traumatismo que lhe devemos (num sentido do termo "traumatismo" que ele gostava de lembrar, o "traumatismo do outro"[46] que vem do outro), é que, lendo em profundidade e reinterpretando os pensadores que acabo de nomear, mas também tantos outros, filósofos, Descartes, Kant e Kierkegaard, e escritores, Dostoievski, Kafka, Proust, etc., prodigando sua fala através de suas publicações, seu ensinamento e suas conferências (na Escola Normal Israelita Oriental, no Colégio Filosófico, nas Universidades de Poitiers, Nanterre, na Sorbonne), Emmanuel Lévinas deslocava lentamente o eixo, a trajetória ou a própria ordem da fenomenologia ou da ontologia que ele havia introduzido na França a partir de 1930, porém para submetê-los a uma inflexível e simples exigência. Ele abalou assim uma vez mais a paisagem sem paisagem do pensamento; ele o fez dignamente, sem polemizar, ao mesmo tempo do

---

41. Referência à obra *Théorie de l'intuition dans la phénoménologie de Husserl*, doutorado defendido e publicado em 1930.
42. *Théorie de l'intuition dans la phénoménologie de Husserl*, Paris, Éd. Vrin, 1930, p. 7.
43. *Idem*, p. 15.
44. *Idem*, p. 14.
45. *Idem*, p. 15.
46. Cf. por exemplo, *Dieu, la mort et le temps*, *op. cit.*, p. 133: "Assim, o traumatismo do outro não vem do *outro*?"

interior, fielmente, e de muito longe, a partir da afirmação de um lugar completamente diferente. E creio que, nessa segunda navegação, nesse segundo tempo que reconduziu a um nível bem mais elevado do que o primeiro, produziu-se lá uma mutação discreta porém irreversível, uma dessas poderosas, singulares, raras provocações que, na história, depois de mais de dois mil anos, terão marcado indelevelmente o espaço e o corpo do que é mais ou menos, em todo caso outra coisa do que um simples diálogo entre o pensamento judaico e seus outros, as filosofias de ascendência grega ou, na tradição de um certo "eis-me aqui"[47], os outros monoteísmos abrâmicos. Isto é passado, esta mutação aconteceu *por intermédio dele*, por Emmanuel Lévinas, que tinha, creio, dessa imensa responsabilidade uma consciência ao mesmo tempo clara, confiante, calma e modesta, como a de um profeta.

47. Em princípio, tenderíamos a sustentar que uma grande parte do texto de Derrida "En ce moment même dans cet ouvrage me voici", em *Textes pour Emmanuel Lévinas, op. cit.*, pp. 21-60, pode ser considerada, de uma certa maneira, como um amplo comentário dessa expressão, ao mesmo tempo em relação com o emprego e interpretação levinassiana da expressão e com a perspectiva crítica própria de Derrida. Lévinas, quanto a ele, numa nota de seu livro *Autrement qu'être ou au-delà de l'essence*, (De um modo outro que ser ou para-além da essência) Martinus Nijhoff, La Haye, 1978, p. 186, remete explicitamente a Isaías 6, 8: "Escuto a voz de Adonai dizendo: "Quem vou enviar?/Quem irá por nós?" Eu digo: "Eis-me aqui ! Envie-me!". Precisamos que na *Versão dos Setenta (Septuaginta)* o equivalente grego da frase hebraica *hineni* é: "*idou egô*" (tradução palavra por palavra: "eis-me eu"), em que o pronome pessoal está no nominativo. O sentido do pronome *eu* no acusativo em relação à responsabilidade pelo outro é explicitada por Lévinas em *Autrement qu'être ou au-delà de l'essence, op. cit.*, pp. 180-181: "O sujeito na responsabilidade se aliena nas profundezas de sua identidade de uma alienação que não esvazia o Mesmo de sua identidade, mas o submete, duma convocação irrecusável, submete-se como pessoa lá onde ninguém poderia substituí-lo. A unicidade, extraconceito, psiquismo como broto de loucura, o psiquismo já psicose, não um Eu, mas eu convocado. Convocação à identidade para a resposta da responsabilidade na impossibilidade de fazer-se substituir imediatamente. A esse mandamento mantido sem descontinuidade só pode responder "eis-me aqui" em que o pronome "eu" está no acusativo, declinado antes de toda declinação, possuído pelo outro, doente, idêntico. Eis-me aqui – dizer da inspiração que não é nem dom de belas palavras, nem de cantos. Constrangido ao *dar*, a mancheias e, consequentemente, à corporeidade".

Um dos indícios dessa onda de choque histórica, é a influência desse pensamento bem além da filosofia, bem além também do pensamento judaico, nos meios da teologia cristã, por exemplo. Permitam-me evocar o dia em que, por ocasião de um Congresso dos Intelectuais Judeus, no momento em que ambos escutávamos uma conferência de André Neher, Emmanuel Lévinas disse-me *a parte*, com a doce ironia que nos é familiar: "Veja você, ele é o judeu protestante, eu sou o judeu católico", anedota que mereceria uma longa e séria reflexão.

Isso se deu indubitavelmente por intermédio dele, graças a ele e não tivemos apenas a sorte de recebê-lo, vivos, dele vivo, como uma responsabilidade confiada de vivente a vivente, mas tivemos também a sorte de dever-lhe uma dívida leve e inocente. Um dia, a respeito de sua pesquisa sobre a morte e do que essa pesquisa devia a Heidegger no momento mesmo em que ela se separava deste, Lévinas escreveu: "ela se diferencia pois do pensamento de Heidegger, e isso qualquer que seja a dívida de todo pesquisador contemporâneo em relação a Heidegger – dívida que se lhe deve frequentemente a contragosto"[48]. E bem, a sorte em nossa dívida para com Lévinas é que podemos assumi-la e afirmá-la, graças a ele, sem pesar, numa alegre inocência admirativa. Ela é da ordem desse *sim* incondicional do qual eu falava há pouco e ao qual ela responde "sim". O pesar, meu pesar, é de não tê-lo dito suficientemente a ele, nem mostrado suficientemente ao longo desses trinta anos, no decorrer dos quais nos endereçamos frequentemente, no pudor dos silêncios, através dos encontros breves ou discretos, dos escritos demasiado indiretos ou reservados, algo que eu não chamaria nem de questões nem de respostas, mas talvez, para servir-me de um outro de seus termos, essa espécie de "questão, oração", uma questão-oração da qual ele diz que ela seria ainda anterior ao diálogo[49].

48. *Dieu, la mort et le temps, op. cit.*, p. 16.
49. Cf. *idem*, p. 134: "Essa questão – questão da morte – é por si mesma sua própria resposta: é minha responsabilidade pela morte do outro. A passagem ao plano ético é o que constitui a resposta a essa questão. A versão do Mesmo para o Infinito que não é nem visada nem visão, é a *questão*, questão que é também resposta, mas em hipótese alguma diálogo da alma com ela mesma. Questão, oração – não se encontra ela antes do diálogo?"

Essa questão-oração que me levava a ele já participava talvez dessa experiência do a-Deus pela qual comecei há pouco. A saudação do a-Deus não significa o fim. "O a-Deus não é uma finalidade", diz ele ao recusar essa "alternativa do ser e do nada" que "não é a última". O a-Deus saúda o outro para além do ser, naquilo "que significa, para além do ser, a palavra glória"[50]. "O a-Deus não é um processo do ser: no chamamento, sou remetido ao outro homem através de quem este chamamento tem significado, ao próximo por quem eu temo"[51].

Porém, eu disse que não queria apenas lembrar o que ele nos confiou do a-Deus, mas sobretudo dizer-lhe *adeus*, chamá-lo por seu sobrenome, chamar seu sobrenome, seu nome, tal como ele se chama no momento em que, se ele não responde mais, é também porque ele responde em nós, no fundo de nosso coração, em nós mas antes de nós, em nós diante de nós – chamando-nos, lembrando-nos: "a-Deus".

Adeus, Emmanuel.

---

50. Ver "La mauvaise conscience et l'inéxorable", em *Exercices de la patience, op. cit.*, pp. 112-113: "O Infinito não poderia ter significado para um pensamento que vai rumo a seu fim e o a-Deus não é uma finalidade. É talvez, por essa irredutibilidade ao escatológico do a-Deus ou do temor de Deus que se interrompe, no humano, a consciência que se dirigia para o ser em sua perseverança ontológica ou para a morte, que ela toma como sendo pensamento último, que a palavra glória significa, para além do ser. A alternativa do ser e do nada não é a última".

51. *Ibidem*, p. 113.

A PALAVRA ACOLHIMENTO

BOAS-VINDAS, SIM, BOAS-VINDAS

No limiar deste encontro junto de Emmanuel Lévinas, a partir de Emmanuel Lévinas, no rastro de seu pensamento e sob o duplo sinal "Rosto e Sinai", é uma palavra de boas-vindas, sim, que ousarei, pois, pronunciar.

Inicialmente, não me arrisco apenas em meu nome, por certo, nada me autorizaria a isso.

Uma tal saudação contudo poder-se-ia traduzir.

Ela tentaria então passar de uns aos outros, de um e de uma ao outro, deixando-se assim receber mas também ouvir e interpretar, escutar ou interrogar. Ela buscaria sua passagem através da violência do hóspede que perscruta persistentemente o rito. Porque o risco é grande. Para ter a audácia de dizer boas-vindas, insinua-se talvez que se está na própria casa, que se sabe o que isto quer dizer, estar em casa, e que em casa se recebe, convida ou oferece hospitalidade, apropriando-se assim de um lugar para *acolher* o outro, ou pior ainda, *acolhendo* aí o outro para apropriar-se de um lugar e falar então a linguagem da hospitalidade – e seguramente, não tenho essa pretensão, não mais do que qualquer um, porém a preocupação de uma tal usurpação já me inquieta.

Porque desejo submeter a vocês, na abertura deste colóquio, algumas reflexões, modestas e preliminares, sobre a palavra "acolhimento", ao menos tal como, a meu ver, ela aparece sob a assinatura de Lévinas, e por tê-la a princípio reinventado, lá onde ele nos convida, quer dizer dá a pensar aquilo que se chama "hospitalidade".

Acreditei dever aceitar a honra imerecida da primeira palavra de acolhimento, por diversas razões. A primeira tem a ver com o Colégio Internacional de Filosofia, com a sua história, com a sua memória – e ao que me mantém ligado a ela. No Colégio, que teve a feliz iniciativa deste colóquio, Emmanuel Lévinas não apenas tomou a palavra de maneira memorável. Posso testemunhar que ele aprovou a sua instituição desde o início. Recordo-me tê-lo visitado na rua Michel-Ange em 1982, no momento em que preparávamos a fundação do Colégio. Nessa ocasião, fui pedir-lhe conselho, uma aprovação e mesmo uma promessa de participação.

Emmanuel Lévinas me deu tudo isso. Ele foi um dos nossos desde o primeiro dia. Seu pensamento permanece para numerosos filósofos, escritores ou amigos do Colégio, uma inspiração ou um horizonte. Numerosos trabalhos foram-lhe consagrados no interior de nossa instituição sob forma de conferências e de seminários. Seria necessário falar aqui de um *estudo* constante em todos os sentidos respeitáveis desse termo, no sentido latino, no sentido hebraico, num sentido ainda completamente novo também. Seria justo então que, em sinal de fidelidade, desde o primeiro aniversário da morte de Emmanuel Lévinas, o Colégio marcasse esse momento de recolhimento estudioso no pensamento vivo – e permito-me agradecer de novo em nosso nome aos responsáveis atuais do Colégio, seu presidente François Julien e muito especialmente Danielle Cohen-Lévinas, Diretora de Programa, por terem respondido, por sua iniciativa, a uma expectativa comum.

Devemos também dizer nossa gratidão à Reitora das Universidades de Paris pelo seu acolhimento, sim, o acolhimento que ela proporcionou neste venerável lugar de ensino. Aqui mesmo, no Anfiteatro Richelieu, ensinava um pensador que não foi apenas um grande professor da Sorbonne, mas um mestre. Esse mestre jamais separou seu ensinamento de um pensamento insólito e difícil do ensino – do ensinamento magistral na figura do *acolhimento*, precisamente, de um acolhimento em que a ética interrompe a tradição filosófica do parto e desfaz a astúcia do mestre quando este finge desaparecer atrás da figura da parteira. O *estudo* do qual falamos não se reduz a uma maiêutica. Esta me revelaria apenas aquilo de que já sou capaz, diz Lévinas. Para entrelaçar os temas que gostaria de privilegiar aqui, para cruzar também os recursos semânticos e etimológicos de uma palavra da qual Lévinas se serve tanto, "mesmo", porém cuja filologia não lhe interessa particularmente, talvez poderíamos dizer que a maiêutica, segundo *Totalidade e Infinito*, não me ensina nada. Ela não me revela nada. Ela desvela apenas o que já sou capaz de saber *eu mesmo* (*ipse*), de poder saber de *mim mesmo*, neste lugar em que o *mesmo* (*egomet ipse, medisme, meisme*, de *metipse, metipsimus*) reúne *em si mesmo* poder e saber, e como o *mesmo*, o mesmo de *ser capaz de* na propriedade de seu próprio, em sua essencialidade mesmo. E talvez, se anuncie assim uma certa interpretação apropriante (voltaremos a isso), talvez mesmo uma política da hospitalidade, uma política do *poder* quanto ao hóspede, quer seja ele o que acolhe (*host*) ou o acolhido (*guest*). Poder do hospedeiro *sobre* o hóspede. O *hosti-pet-s*, é "o senhor do hóspede"[1], diz Benveniste a respeito de uma cadeia que ligaria, como dois poderes soberanos, a hospitalidade à ipseidade.

Ora, para Lévinas, o acolhimento do ensinamento dá e recebe outra coisa, mais do que eu e mais que uma outra coisa:

Desde as primeiras páginas de *Totalidade e Infinito*[2], lê-se que abordar o Outro no discurso é *acolher* [eu me permito de já sublinhar esta palavra] sua expressão em que ele ultrapassa a todo instante a ideia que se poderia

---

1. *Le vocabulaire des institutions indo-européennes*, Paris, Éd. de Minuit, 1969, t. I, pp. 87 ss.
2. *Totalité et Infini*, M. Nijhoff, 1961, p. 22. Sobre este pensamento do Mestre, sobre o "acolhimento do mestre" e o "acolhimento do outro", cf. também pp. 73-74 e *passim*. O conceito de *expressão* se determina, por sua vez, pela mesma lógica do ensinamento e do "receber": "Receber o dado – é já recebê-lo como ensinado – como expressão do Outro", p. 64.

ter dele. É então *receber* [sublinhado por Lévinas] do Outro para além da capacidade do eu; o que significa exatamente: ter a ideia do infinito. Porém, isto significa também ser ensinado. A relação com o Outro ou o Discurso é uma relação não alérgica, uma relação ética, porém este discurso *acolhido* [eu sublinho ainda] é um ensinamento. Porém o ensinamento não retorna à maiêutica. Ele vem do exterior e me traz mais do que eu contenho.

Se acreditei ter de aceitar a honra desmedida destas primeiras palavras, é também, razão menos confessável, que não me sentia então capaz de preparar para hoje uma comunicação digna deste nome, digna deste colóquio e digna de Lévinas. Ora, quando Danielle Cohen-Lévinas me propôs participar, aceitei ser o primeiro a tomar a palavra para poder assim associar-me à homenagem prestada que, certamente, queria no mais profundo de mim fazer, porém para me eclipsar desta maneira o mais depressa possível no limiar da hospitalidade. Desejava, em seguida, manter-me em silêncio ou encontrar um álibi – e sobretudo manter-me à escuta. O que não deixarei de fazer, porém prolongando abusivamente – peço-lhes desculpa de antemão – uma interpretação das boas-vindas ou da hospitalidade. Farei a título de *abertura*, já que tal é o título indeterminado que combinou-se dar a esta introdução.

Inversão: Lévinas propõe pensar a abertura em geral a partir da hospitalidade ou do acolhimento – e não o contrário. Ele o faz expressamente. Estas duas palavras, "abertura" e "hospitalidade", são ao mesmo tempo associadas e distinguidas em sua obra. Obedecem a uma lei sutil. Como toda lei, ela requer uma leitura prudente.

Como interpretar, *em nome* de Lévinas, essa hospitalidade? Como ensaiar isso falando não em seu lugar e nem em seu nome, mas com ele, falando-lhe também, em primeiro lugar escutando-o hoje, dirigindo-nos a esses lugares em que, para lembrar-lhes os seus nomes, ele re-nomeou o Sinai e o rosto, "Sinai" e "rosto"? Estes nomes foram associados para serem dados a esse encontro, mas sabemos como ouvi-los? Em que língua? Nomes comuns ou nomes próprios? Traduzidos de uma outra língua? A partir do passado de uma escritura santa ou de um idioma por vir?

No horizonte dessas reflexões preliminares, uma questão me guiará e que deixarei por fim suspendida, contentando-me de situar algumas de suas premissas e algumas de suas referências. Ela seria concernente, à primeira vista, às relações entre uma *ética* da hospitalidade (uma ética *como* hospitalidade) e um *direito* ou uma *política* da hospitalidade, por exemplo, na tradição do que Kant chama de as condições da hospitalidade universal no *direito cosmopolítico*: "com vistas à paz universal".

Esta questão poderia encontrar sua forma clássica na figura do fundamento ou da fundação justificativa. Poder-se-ia perguntar, por exemplo, se a ética da hospitalidade, que vamos tentar analisar no pensamento de Lévinas, pode ou não fundar um direito e uma política, para além do domicílio familiar, no espaço social, nacional, estatal ou estado-nacional.

Esta questão parece indubitavelmente grave, difícil, necessária, porém já canônica. Tentaremos no entanto subordiná-la à instância de uma outra questão suspensiva, aquilo que poderíamos chamar de uma espécie de *épokhé*. Qual?

Suponhamos, *concesso non dato*, que não haja passagem assegurada, segundo a ordem de uma fundação, segundo a hierarquia fundador-fundado, originariedade principial/derivação, entre uma ética ou uma filosofia primeira da hospitalidade, por uma parte, e um direito ou uma política da hospitalidade por outra parte. Suponhamos que não se possa *deduzir* do discurso ético de Lévinas sobre a hospitalidade um direito e uma política, tal direito e tal política em tal situação determinada hoje, perto de nós ou longe de nós (imaginar mesmo que possamos avaliar a distância que separa a Igreja de Saint Bernard de Israel, da ex-Iugoslávia, do Zaire ou de Ruanda). Como interpretar então esta impossibilidade de fundar, de deduzir ou de derivar? Indicaria ela uma falha? Talvez devêssemos dizer o contrário. Talvez fôssemos, em verdade, chamados a uma outra prova pela negatividade aparente desta lacuna, por este hiato entre a ética (a filosofia primeira ou a metafísica, seguramente no sentido que Lévinas dá a esses termos) de uma parte, e, de outra, o direito ou a política. Se não há aí nenhuma falta, um tal hiato não nos obriga efetivamente a pensar diferentemente o direito e a política? E sobretudo não abre, como um hiato, justamente, a boca e a possibilidade de uma outra palavra, de uma decisão e de uma responsabilidade (jurídica e política, se quisermos), lá onde elas devem ser *tomadas*, como se diz da decisão e da responsabilidade, sem o asseguramento de fundação ontológica? Segundo esta hipótese, a ausência de um direito ou de uma política, no sentido estreito e determinado destes termos, não passaria de uma ilusão. Para além desta aparência ou desta comodidade, um retorno se imporia às condições da responsabilidade ou da decisão, entre ética, direito e política. O que poderia implicar, como tentarei de sugerir para terminar, sem dúvida segundo duas rotas vizinhas, porém talvez heterogêneas.

I

Já nos demos conta? Se bem que o termo não seja nem frequente nem sublinhado, *Totalidade e Infinito* nos lega um imenso tratado sobre a *hospitalidade*.

Isso é menos evidente por tais ocorrências, raras, efetivamente, do termo "hospitalidade" do que pelos encadeamentos e a lógica discursiva que implicam este léxico. Por exemplo, nas páginas de conclusão, a hospitalidade torna-se o próprio nome daquilo que se abre ao rosto, daquilo que mais precisamente o "acolhe". O rosto sempre se dá a um acolhimento e o acolhimento acolhe apenas um rosto, este rosto que deveria ser nosso tema hoje, mas sabemos, no entanto, lendo Lévinas, que ele deve escapar a toda tematização.

Ora, essa irredutibilidade ao tema, aquilo que excede a formalização ou a descrição tematizantes, é precisamente o que o rosto tem em comum com a hospitalidade. Lévinas não se contenta apenas em distingui-las, ele opõe explicitamente a hospitalidade, como escutaremos dentro em pouco, à tematização.

Quando ele redefine de alto a baixo a subjetividade intencional, quando ele submete a sujeição desta à ideia do infinito no finito, ele multiplica à sua maneira as proposições nas quais um nome define um nome. O substantivo-sujeito e o substantivo-predicado podem então trocar de lugar na proposição, o que incomoda ao mesmo tempo tanto a gramática da de-terminação quanto a escritura lógica da tradição, até sua filial dialética. Por exemplo: "Ela [a intencionalidade, a consciência-de] é atenção à palavra ou acolhimento do rosto, *hospitalidade* e não tematização"[1].

Se fui assim tentado a sublinhar, nesta frase, a palavra *hospitalidade*, devo agora voltar, para apagá-lo, neste recurso pedagógico ou retórico. Porque todos os conceitos que se opõem à "tematização" são ao mesmo tempo sinônimos e de igual valor. Nenhum deles deveria ser privilegiado e portanto sublinhado. Antes de prosseguir na interpretação desta proposição, pode-se então notar o que justifica aí, em silêncio, uma aposição. Esta parece perseguir um elã, ela se contenta em desdobrar, ela explicita. Ela parece derivar, mesmo saltar, de um sinônimo a outro. Mesmo que apareça como tal uma só vez, poder-se-ia inscrever o "ou" (*vel*) de substituição entre cada nome – salvo, evidentemente, "tematização": "Ela (a intencionalidade, a consciência-de) ... é *atenção à palavra ou acolhimento do rosto, hospitalidade* e não tematização".

A palavra "hospitalidade" vem aqui traduzir, levar adiante, re-produzir as duas palavras que a precederam: "atenção" e "acolhimento". Uma paráfrase interna, também uma espécie de perífrase, uma série de metonímias expressam a hospitalidade, o rosto, o acolhimento: tensão em direção ao outro, intenção atenta, atenção intencional, *sim* ao outro. A intencionalidade, a atenção à palavra, o acolhimento do rosto, a hospitalidade são o mesmo, mas o mesmo enquanto acolhimento do outro, lá onde ele se subtrai ao tema. Ora, este movimento sem movimento apaga-se no acolhimento do outro, e como ele se abre ao infinito do outro, ao infinito como outro que o

1. *Totalité et Infini*, p. 276. Eu sublinho.

precede, de alguma maneira, o acolhimento *do* outro (genitivo subjetivo) já será uma resposta: o *sim ao* outro já responderá ao acolhimento *do* outro (genitivo objetivo), ao *sim* do outro. Esta resposta é convocada *desde que* o inifinito – sempre *do* outro – é acolhido. Seguiremos seu rastro em Lévinas. Porém o "desde que" não indica o instante ou o limiar de um começo, duma *arkhé*, já que o infinito terá sido pré-originariamente acolhido. Acolhido na anarquia. Esta resposta responsável é certamente um *sim*, mas um *sim a* precedido pelo *sim de* outro. Deveríamos sem dúvida estender ilimitadamente as consequências daquilo que Lévinas afirma numa passagem em que ele repete e interpreta a ideia do infinito no *cogito* cartesiano: "Não sou eu – é o outro que pode dizer *sim*"[2].

(Se as perseguirmos com a audácia e o rigor necessários, estas consequências deveriam conduzir a um outro pensamento da decisão responsável. Sem dúvida, Lévinas não o diria assim mas poderíamos sustentar então que, sem exonerar-me de nada, a decisão e a responsabilidade são sempre *do outro*? Elas sempre incumbem o outro, elas sempre procedem do outro, mesmo que seja do outro em mim?[3] Porque enfim, seria ainda uma decisão, a iniciativa que permaneceria pura e simplesmente "minha", em conformidade com a necessidade que no entanto parece requerer – na mais poderosa tradição da ética e da filosofia – que a decisão seja sempre "minha" decisão, a decisão de quem pode dizer livremente "eu", *ipse, egomet ipse*? Seria ainda uma decisão, aquilo que me compete assim? Tem-se o direito de dar este nome, "decisão", a um movimento puramente autônomo, fosse ele de acolhimento e

---

2. *Totalité et Infini*, p. 66.
3. Tentei demonstrá-lo num outro trabalho, por um caminho diferente, numa discussão sobre o decisionismo de Schmitt. Falando então de "decisão passiva", de "decisão inconsciente", de "decisão do outro", em termos de saber o que deveria dizer "dar em nome do outro", tentei sustentar que "uma teoria do sujeito é incapaz de dar conta da menor decisão" *Politiques de l'amitié*, Éd. Galilée, 1994, pp. 86-88. Eu me referia então, para tentar questioná-la, à determinação tradicional e maciçamente dominante do sujeito, que aliás o próprio Schmitt, entre tantos outros, parece assumir. Não é evidentemente aquela que privilegia Lévinas quando ele redefiniu a subjetividade; voltaremos a isso adiante.

de hospitalidade, que só procedesse de mim, de mim mesmo, e só fizesse desenvolver os possíveis duma subjetividade minha? Não estaríamos autorizados a ver aí o desenrolar de uma imanência egológica, o desenvolvimento autonômico e automático dos predicados ou possíveis próprios de um sujeito, sem esta ruptura lancinante que deveria ocorrer em toda decisão dita livre?

Se é tão somente o Outro que pode dizer *sim*, o "primeiro" *sim*, o acolhimento é sempre o acolhimento *do* outro. É preciso pensar agora as gramáticas e as genealogias desse genitivo. Se eu coloquei entre aspas o "primeiro" do "primeiro" *sim*, é de qualquer maneira para entregar-me a uma hipótese apenas pensável: não existe *primeiro sim*, o *sim* já é uma resposta. Porém, como tudo deve começar por algum *sim*, a resposta começa, a resposta comanda. É necessário habituar-se com esta aporia na qual, finitos e mortais, somos de antemão *jogados* e sem a qual não haveria promessa alguma de caminho. É preciso *começar por responder*. Não haveria pois, no princípio, a primeira palavra. O chamamento só se chama a partir da resposta. A resposta precede o chamamento, ela vem ao encontro dele, que diante dela, só é primeiro para esperar pela resposta que o faz advir. Apesar dos protestos trágicos que esta dura lei pode parecer justificar ("mas então, não há apelo sem resposta, um grito de aflição solitário? E a solidão da oração, e a separação infinita que ela atesta, não é pelo contrário, a verdadeira condição do apelo, do apelo infinitamente finito?"), a necessidade persiste, tão imperturbável quanto a morte, quer dizer a finitude: a partir do fundo sem fundo de sua solidão, um apelo só pode se escutar a si mesmo, e escutar-se chamar, a partir da promessa de uma resposta. Falamos do apelo como tal, se é que ele existe. Porque se quisermos nos referir a um apelo que nem se reconhece como tal, então podemos dispensar qualquer resposta, ao menos para pensá-lo. É sempre possível, e isso não deixa seguramente de acontecer.

Lévinas não diz isso, ele não o diz assim, porém gostaria hoje de ir ao seu encontro segundo a via desta não via.)

Se a palavra "hospitalidade" permanece aí bastante rara, a palavra "acolhimento" é sem dúvida uma das mais frequentes e das mais determinantes em *Totalidade e Infinito*. Poderíamos verificar isso, ainda que, até onde sei, não tenha sido consignado como tal. Mais operatório do que temático, esse conceito opera em todo lugar, justamente, para exprimir o primeiro gesto em direção ao outro.

O acolhimento é mesmo um gesto? Sobretudo o primeiro movimento, e um movimento aparentemente passivo, porém o *bom* movimento. O acolhimento não é derivado, nem tampouco o rosto, e não há rosto sem acolhimento. É como se o acolhimento tanto quanto o rosto, tanto quanto o léxico que lhe é coextensivo e portanto profundamente sinônimo, fosse uma linguagem primeira, um conjunto formado de palavras quase-primitivas – e quase transcedentais. É preciso pensar sobretudo a possibilidade do acolhimento para pensar o rosto e tudo o que se abre ou se desloca com ele, a ética, a metafísica ou a filosofia primeira – no sentido que Lévinas pretende dar a esses termos.

O acolhimento determina o "receber", a receptividade do receber como relação ética. Já o havíamos escutado: "Abordar o Outro no discurso é *acolher* sua expressão em que ele ultrapassa a todo instante a ideia que se poderia ter dele. É então *receber* do Outro para além da capacidade do eu..."

Esse *receber*, termo aqui sublinhado e proposto como sinônimo de *acolher*, só recebe na medida – uma medida desmedida – em que ele recebe para além da capacidade do eu. Essa desproporção dissimétrica marcará mais adiante a lei da hospitalidade; voltaremos a isso. Ora, no mesmo parágrafo, proposição insólita, a razão é ela mesma *interpretada* como esta receptividade hospitaleira. A imensa corrente da tradição filosófica que passa pelo conceito de receptividade ou de passividade, e pois, pensava-se, de sensibilidade, por oposição à racionalidade, êi-la aqui de agora em diante reorientada na sua significação mais profunda.

Trata-se da acepção da recepção.

Só se pode apreender ou perceber o que *receber* quer dizer a partir do acolhimento hospitaleiro, do acolhimento aberto ou oferecido ao outro. A razão é ela própria um *receber*. Outra maneira de dizer, se quisermos falar ainda sob a lei da tradição, mas contra ela, contra as oposições legadas, que a razão *é* sensibilidade. A própria razão é acolhimento enquanto acolhimento da ideia de infinito – e o acolhimento é racional.

É insignificante que Lévinas nomeie neste lugar a *porta*? O lugar que ele designa assim é apenas um tropo numa retórica da hospitalidade? Se a figura da porta, no limiar que abre o em-si, fosse uma "maneira de falar", ela diria também a palavra como *maneira* de dizer, maneira de *fazer* com a mão estendida dirigindo-se ao outro para dar-lhe primeiramente de comer, beber e respirar, como Lévinas lembra tão frequentemente em outro texto. A porta aberta, maneira de falar, designa a abertura de uma exterioridade ou de uma transcendência da ideia de infinito. Essa nos chega por uma porta, e esta porta atravessada não é outra que a razão no ensinamento.

Na mesma passagem de "A Transcendência como Ideia do Infinito", as precauções escrupulosas do "mas", do "entretanto", do "sem contudo" etc. aguçam a originalidade desse *receber* e desse *acolhimento*. Esta porta aberta é tudo, menos uma simples passividade, o contrário de uma abdicação da razão:

> Abordar o Outro no discurso é *acolher* [eu sublinho] sua expressão em que ele ultrapassa a todo instante a ideia que se poderia ter dele. É então *receber* do Outro [Lévinas sublinha] para além da capacidade do eu; o que significa exatamente: ter a ideia do infinito. *Mas* isso significa também ser ensinado. A relação com o Outro ou o Discurso é uma relação não alérgica, uma relação ética, *mas* esse discurso *acolhido* [eu sublinho ainda] é um ensinamento. *Mas* [terceiro "mas", eu sublinho, *mas no mas, magis*, mas mais ainda, melhor] o ensinamento não retorna à maiêutica. Ele vem do exterior e me traz mais do que eu contenho. [Ele não retorna –, ele vem, pois, ele não retorna a –, ele vem de algum lugar, do exterior, do outro]. Na sua transitividade não violenta produz-se a própria epifania do rosto. A análise aristotélica do intelecto, que descobre o intelecto agente, *vindo pela porta* [eu sublinho], absolutamente exterior, e que *entretanto* constitui, *sem* absolutamente comprometê-la, a atividade soberana da razão, já substitui à maiêutica uma ação transitiva do mestre, já que a razão, sem abdicar se encontra capacitada a *receber*. (sublinhado por Lévinas).

A razão *capacitada a receber*: o que pode dar esta hospitalidade da razão, esta razão como *poder receber* (*capacitada a receber*), essa razão sob a lei da hospitalidade? Essa razão como lei da hospitalidade? Lévinas sublinha uma segunda vez, no mesmo parágrafo, a palavra "receber". Nesta corrente engajar-se-ão, sabemos, as audaciosas análises da receptividade, dessa passividade anterior à passividade cujas implicações serão cada vez mais decisivas, lá mesmo onde os vocábulos parecem deixar-se levar e desidentificar-se num discurso que abre cada significação a seu outro (relação *sem* relação, passividade *sem* passividade, "*passividade mais passiva que toda passividade*"[4] etc.).

A palavra "*acolhe*" retorna na mesma página. Ela designa, com a "*noção de rosto*", a abertura do eu, e "*a anterioridade filosófica do sendo sobre o ser*"[5] – tanto que esse pensamento do acolhimento implica também uma contestação discreta mas clara e firme de Heidegger, até mesmo do motivo central do recolhimento ou do ajuntamento (*Versammlung*), de um colher (*colligere*) que se realizaria no recolhimento. Existe certamente um pensamento para o recolhimento em Lévinas, principalmente naquilo que *Totalidade e Infinito* intitula "A Habitação". Porém, um tal recolhimento do *em-si* já supõe o acolhimento; ele é a *possibilidade do acolhimento* e não o contrário. Ele torna possível o acolhimento, num sentido, encontra-se aí a sua única destinação. Poder-se-ia dizer então que é o acolhimento por vir que torna possível o recolhimento do em-si, ainda que as relações de condicionalidade pareçam aqui inextricáveis. Elas desafiam a cronologia tanto quanto a lógica. O acolhimento supõe também, seguramente, o recolhimento, quer dizer a intimidade do *em-si* e a figura da mulher, a alteridade feminina. Porém, o acolhimento não

---

4. "Subjectivité et vulnérabilité", em *Humanisme de l'autre homme*, Éd. Fata Morgana, 1972, p. 93.

5. "Ela [a noção de rosto] significa a anterioridade filosófica do sendo sobre o ser, uma exterioridade que não apela ao poder nem à posse, uma exterioridade que não se reduz, como em Platão, à interioridade da recordação, e que, contudo, protege o eu que o acolhe". *Totalité et Infini*, p. 22.

Uma tal "proteção" torna-se evidentemente o nome e o lugar de todos os problemas por vir, tanto quanto o acolhimento, a an-arquia, a anacronia e a infinita dissimetria que comanda a transcendência do Outro. O que resta de "mim" são e salvo no acolhimento incondicional do Outro? O que resta de sua sobrevivência, de sua imunidade e de sua salvação na sujeição ética dessa outra subjetividade?

seria uma modificação segunda do colher, desse *col-ligere* que tem relação, justamente, com a origem da religião, com essa *"relação sem relação"* à qual Lévinas reserva, diz ele, a palavra de religião como *"estrutura última"*: "Reservamos à relação entre o ser aqui em baixo e o ser transcendente que não chega a nenhuma comunidade de conceito nem a nenhuma totalidade – relação sem relação – o termo de religião"[6].

Antes do recolhimento, *antes* mesmo do colher, antes do ato do qual tudo parece no entanto derivar, a *possibilidade* do acolhimento viria, então, para abri-los. Noutro lugar, é dito que *"possuir a ideia de infinito é já ter acolhido o Outro"*[7] ou que *"acolher o Outro é colocar minha liberdade em questão"*[8].

Dentre as mil e uma ocorrências da palavra *acolhimento* em *Totalidade e Infinito*, guardemos por ora aquela que, no começo do capítulo sobre "Verdade e Justiça" define nada menos que o Discurso: o Discurso enquanto Justiça. O Discurso se apresenta como Justiça *"na retidão do acolhimento dado ao rosto"*[9].

Já se anunciam, com esta palavra Justiça, os temíveis problemas que tentaremos abordar mais adiante, especialmente aqueles que surgem com o terceiro. Este sobrevém sem esperar. Sem esperar, ele vem afetar a experiência do rosto no face-a-face. Esta interposição do terceiro, esta "terceiridade", se ela não interrompe, seguramente, o próprio acolhimento, ela envia ou desvia para si o duelo do face-a-face, o acolhimento singular da unicidade do outro como uma testemunha (*terstis*) para dela testemunhar. Ora, a eleidade do terceiro não é nada menos para Lévinas que o começo da justiça, ao mesmo tempo como direito e para além do direito, no direito para além do direito. *Autrement qu'être* ou *au-delà de l'essence*. (De outro Modo que Ser ou Para-além da Essência) fala desta

---

6. *Totalité et Infini*, pp. 52-53.
7. *Idem*, p. 66.
8. *Idem*, p. 58.
9. *Idem*, p. 54. Eu sublinho: "Chamamos justiça esta abordagem de frente, no discurso", diz também Lévinas (p. 43), que sublinha então esta fórmula e parece definir assim a justiça *antes* do aparecimento do terceiro. Porém, existe aqui algum lugar para este "antes"?

"eleidade, na terceira pessoa"; porém segundo uma "terceiridade" diferente daquela do terceiro homem, do terceiro interrompendo o face-a-face do acolhimento ao outro homem – interrompendo a proximidade ou a aproximação do próximo – do terceiro homem pelo qual começa a justiça[10].

Mais acima, uma nota dizia da justiça que ela é *"esta presença propriamente dita do terceiro"*[11]. Nas páginas nas quais sempre acreditei escutar o desespero da aporia, a queixa, a atestação, a protestação, o clamor também ou a reclamação de um Jó que seria tentado a apelar não *à* justiça mas *contra* a justiça, chegam-nos as questões desesperadas do justo. De um justo que quereria ser mais justo que a justiça. Um outro Jó, a menos que não seja o outro de Jó, pergunta-se, efetivamente, o que é que ele tem a ver com a justiça, com a justa e injusta justiça. Estas questões denunciam a contradição, uma contradição sem igual e sem precedente, a terrível contradição do Dizer pelo Dizer, a própria Contra-Dicção:

O terceiro é outro como o próximo, mas também um outro próximo, mas também um próximo do Outro e não simplesmente seu semelhante. Que são eles então, o outro e o terceiro, um-para-o-outro? Que fizeram eles um ao outro? Qual vem antes do outro? [...] O outro e o terceiro, meus próximos, contemporâneos um do outro, distanciam-me do outro e do terceiro. "Paz, paz ao próximo e ao distante" (Isaías, 57, 19), compreendemos agora a acuidade desta aparente retórica. O terceiro introduz uma contradição no Dizer [...]. É, por si, limite da responsabilidade, nascimento da questão: que é que eu tenho a ver com a justiça? Questão de consciência. É preciso a justiça, quer dizer a comparação, a contemporaneidade, a reunião[12].

---

10. *Autrement qu'être ou au-delà de l'essence*, M. Nijhoff, 1974, p. 191. *Totalité et Infini* já acolhe, com estes termos, a instância "inelutável" do terceiro como "linguagem" e como "justiça". Cf., por exemplo, pp. 188, 282 etc. Voltaremos a isso mais adiante.
11. *Idem*, p. 84.
12. *Autrement qu'être...*, p. 200. Esta "contradição no Dizer" refere-se talvez a esta fatalidade (feliz e infeliz), a esta lei da substituição, à substituição como Lei: o terceiro interrompe (distancia) sem interromper (distanciar) o face-a-face com a singularidade insubstituível do outro. É porque Lévinas fala aqui de distanciamento ("o outro e o terceiro... distanciam-me do outro e do terceiro...") – e é justo –, enquanto que ele havia escrito, em *Totalité et Infini*, p. 43: "Chamamos justiça esta abordagem de frente, no discurso".

Lévinas analisa então corajosamente a consequência desse "é preciso". Este nos reintroduz, forçadamente, nos lugares que a ética deveria ultrapassar: a visibilidade do rosto, a tematização, a comparação, a sincronia, o sistema, a copresença "diante de uma corte de justiça". Em verdade, ele não nos re-introduz secundariamente nestes lugares, ele nos chama de volta aí desde sempre. Pois o terceiro não espera, ele está aí desde a "primeira" epifania do rosto no face-a-face. A questão é pois o terceiro.

O "*nascimento da questão*" é o terceiro. Sim, o *nascimento*, pois o terceiro não espera, ele chega na origem do rosto e do face-a-face. Sim, o nascimento da *questão como questão*, pois o face-a-face suspende-se imediatamente, interrompe-se sem interromper-se, *como* face-a-face, como duelo de duas singularidades. O inelutável do terceiro é a lei da questão. Questão de uma questão, como dirigida ao outro, e a partir do outro, o outro do outro, questão de uma questão que não é seguramente a primeira (ela vem depois do *sim* ao outro e do *sim* do outro) mas que nada precede. Nada, e sobretudo ninguém.

A questão, mas também, por consequência, a justiça, e a inteligibilidade filosófica, e o saber, e até mesmo, já aí se anunciando, pouco a pouco, a figura do Estado. Pois, vamos compreender, *é preciso* tudo isso.

A mesma lógica, as mesmas frases, frequentemente a repetição literal desses enunciados conduzem Lévinas, em "Paz e Proximidade", a deduzir dessa inelutabilidade do terceiro a origem da questão propriamente dita (e pois, do discurso filosófico que regula nela seu estatuto e legitima sua assinatura: a quase totalidade do discurso de Lévinas, por exemplo, quase todo o espaço de sua inteligibilidade para nós refere-se a este terceiro[13]), a justiça *e* a "*estrutura política da sociedade*". O salto sem transição, a mutação imediata do "sem questão" ao nascimento da "primeira questão" define de um só gesto a passagem da responsabilidade ética à responsabilidade

---

13. Nisso consiste um dos temas de análise recorrentes nos dois ensaios que consagrei à obra de Lévinas, ("Violence et métaphysique", em *L'écriture et la différence*, Éd. Le Seuil, 1967, e "En ce moment même..." em *Psyché...*, Éd. Galilée, 1987).

jurídica, política – e filosófica. Ele diz também a saída para fora do imediatismo:

> A responsabilidade pelo outro homem é, no seu *imediatismo*, certamente *anterior a toda questão*. Mas, como determina ela se um terceiro perturba esta exterioridade a dois, na qual minha sujeição de sujeito é sujeição ao próximo? O terceiro é outro que o próximo, mas também um outro próximo e também um próximo do outro e não simplesmente seu semelhante. Que tenho de fazer? Que já fizeram eles um ao outro? Qual deles passa antes do outro na minha responsabilidade? Que são eles, então, o outro e o terceiro, um em relação ao outro? *Nascimento da questão*.
> A primeira questão no inter-humano é *questão de justiça. Doravante, é preciso saber*, fazer-se uma consciência. À minha relação com *o único* e o incomparável superpõe-se a comparação e, com vistas à equidade ou igualdade, um pesar, um pensamento, um cálculo, *a comparação dos incomparáveis* e, desde então, a neutralidade – presença ou representação – do ser, a tematização e a visibilidade do rosto...;[14]

A dedução prossegue assim até "*a estrutura política da sociedade submetida às leis*", "*a dignidade do cidadão*", ali onde no entanto a distinção deveria permancer cabal entre o sujeito ético e o sujeito cívico[15]. Porém, esta saída fora da responsabilidade puramente ética, esta interrupção do imediatismo ético é imediata. O terceiro não espera, sua eleidade conclama desde a epifania do rosto no face-a-face. Porque a ausência do terceiro ameaçaria de violência a pureza da ética no imediatismo absoluto do face-a-face com o único. Lévinas, sem dúvida, não o diz desta maneira. Porém, o que faz ele quando, para além ou através do duelo do face-a-face entre dois "únicos", ele se remete à justiça, ele afirma e reafirma "é preciso" a justiça, "é preciso" o terceiro? Não leva ele em conta então esta hipótese de uma violência da ética pura e imediata no face-a-face do rosto? De uma violência potencialmente desencadeada na experiência do próximo e

---

14. "Paix et proximité", em *Emmanuel Lévinas*, Cahiers de la nuit surveillée, 1984, p. 345. Lévinas sublinha apenas a palavra "único".

15. "Em sua posição ética, o eu é distinto tanto do cidadão da Cidade quanto do indivíduo que precede no seu egoísmo natural toda ordem, mas do qual a filosofia política, desde Hobbes, procura extrair – ou consegue extrair – a ordem social ou política da Cidade". "La souffrance inutile", *idem*, p. 338.

da unicidade absoluta? Da impossibilidade de aí distinguir o bem do mal, o amor do ódio, o dar do tomar, o desejo de vida da pulsão de morte, o acolhimento hospitaleiro do fechamento egoísta ou narcísico?

O terceiro protegeria pois contra a vertigem da violência ética propriamente dita. A ética poderia estar duplamente exposta a esta mesma violência: exposta a sofrê-la, mas também a exercê-la. Alternativamente ou simultaneamente. É verdade que o terceiro protetor ou mediador, em seu devir jurídico-político, viola por sua vez, ao menos virtualmente, a pureza do desejo ético destinado ao único. Donde a aterradora fatalidade de uma dupla sujeição.

Este *double bind* Lévinas não o designa jamais desta maneira. Correrei o risco, todavia, de inscrever eu mesmo a necessidade desse *double bind* na consequência de seus axiomas, dos axiomas estabelecidos ou lembrados pelo próprio Lévinas: se o face-a-face com o único engaja a ética infinita de minha responsabilidade pelo outro numa espécie de juramento *avant la lettre*, de respeito ou de fidelidade incondicional, então o aparecimento inelutável do terceiro, e com ele da justiça, subscreve um primeiro perjúrio. Silencioso, passivo, doloroso mas inevitável, um tal perjúrio não é acidental e secundário, ele é tão originário quanto a experiência do rosto. A justiça começaria com esse perjúrio. (Em todo caso a justiça como direito; mas se a justiça permanece transcendente ou heterogênea ao direito, não se deve contudo dissociar estes dois conceitos: a justiça *exige* o direito, e o direito só espera a eleidade do terceiro no rosto. Quando Lévinas diz "justiça", estamos autorizados a escutar também, parece-me, "direito". O direito começaria com um tal perjúrio, ele trairia a retidão ética.)

Seguramente, *perjúrio*, até onde sei, não nomeia um tema de Lévinas, nem *juramento* – e não me lembro de ter encontrado ou notado estes termos nos escritos que nos ocupam. Donde, a necessidade de precisar juramento *avant la lettre*, o que significa também, desta vez bem perto da literalidade do texto de Lévinas, dívida antes de todo contrato ou de qualquer empréstimo. Lévinas não hesita, além do mais, em falar de uma "*palavra de honra original*". Precisamente na experiência do "*prestar testemunho*", da "*atestação de si*", da "*retidão do face-a-face*"[16].

Intolerável escândalo: mesmo se Lévinas não o tenha dito jamais assim, a justiça perjura como ela respira, ela trai a "palavra de honra original" e só acredita no perjurar, abjurar, injuriar. É sem dúvida diante desta fatalidade que Lévinas imagina o suspiro do justo: "Que é que eu tenho a ver com a justiça?"

Assim sendo, no desenvolvimento da justiça, não se pode discernir entre a fidelidade ao juramento e o perjúrio do falso testemunho, mas sobretudo entre traição e traição, sempre mais de uma traição. Deveríamos então, com toda a prudência analítica necessária, respeitar a qualidade, a modalidade, a situação das faltas a esta fé jurada, a esta "palavra de honra original" anterior a todos os juramentos. Porém, estas diferenças não apagariam jamais o traço do perjúrio inaugural. Como o terceiro que não espera, a instância que abre a ética e a justiça está aí em instância de um perjúrio quase-transcendental ou originário, até mesmo pré-originário. Poderíamos dizê-lo *ontológico* uma vez que ele liga a ética a tudo o que a excede e a trai (a ontologia, justamente, a sincronia, a totalidade, o Estado, o político etc.). Poderíamos mesmo observar aí um mal irreprimível ou uma perversão radical, se a má vontade pudesse a princípio estar ausente nele e se sua possibilidade, ou pelo menos a obsessão de sua possibilidade[17], se alguma pervertibilidade não fosse também a condição do Bem, da Justiça, do Amor, da Fé etc. E da perfectibilidade.

Esta "possibilidade" espectral não é, todavia, a abstração de uma pervertibilidade liminar. Seria antes a *impossibilidade* de controlar, de decidir, de determinar um limite, a *impossibilidade* de situar o limiar que separa a pervertibilidade da perversão para poder-se manter aí, através de critérios, normas, regras.

16. *Totalité et Infini*, pp. 176-177.

17. Estamos aqui mais próximos do que parece, talvez, da literalidade de certos enunciados que, em *Totalité et Infini*, lembram a vontade *da traição* sempre possível: "A vontade essencialmente violável – tem a *traição* em sua essência", p. 205. "A vontade se move assim entre sua *traição* e sua fidelidade que, *simultâneas*, descobrem a originalidade mesmo de seu poder", p. 207. Eu sublinho.

Esta impossibilidade, *é preciso*. É preciso que o limiar não esteja à disposição de um saber genérico ou de uma técnica regulamentada. É preciso que ele ultrapasse todo procedimento regulamentar para abrir-se àquilo mesmo que corre sempre o risco de perverter-se (o Bem, a Justiça, o Amor, a Fé, – e a perfectibilidade etc.). É preciso isso, é preciso esta possível hospitalidade ao pior para que a boa hospitalidade tenha sua chance, a chance de deixar vir o outro, o *sim* do outro não menos que o *sim* ao outro.

Estas complicações infinitas não mudam nada na estrutura geral da qual na verdade elas derivam: o discurso, a justiça, a retidão ética referem-se antes de tudo ao *acolhimento*. O acolhimento é sempre acolhimento reservado ao rosto. Um estudo rigoroso deste pensamento do acolhimento deveria não apenas repertoriar todos os contextos em que a recorrência desta palavra se impõe de maneira regulamentada[18]. Imensa tarefa. Ela deveria também levar em conta as chances que lhe oferece o idioma francês: o idioma, chance ambígua, *shibboleth* do limiar, chance preliminar da hospitalidade, chance louvada por Lévinas, chance por sua escritura mas também chance acordada por sua escritura filosófica à língua francesa. Estas chances acumulam os lugares propícios à cripta, elas fecundam também as dificuldades que se encontraria para traduzir o léxico do acolhimento em outras línguas, onde esta análise da hospitalidade (hospitalidade de uma língua e acolhimento oferecido a uma língua, língua como hospedeiro e língua como hóspede) permite por exemplo notar, na compilação ou na recompilação meditativa do sentido, o jogo muito significativo entre o *recolhimento* e o *acolhimento*.

Notávamos há pouco, Lévinas abre sempre o recolhimento a partir do acolhimento. Ele lembra a abertura do recolhimento pelo acolhimento, o acolhimento do outro, o acolhimento reservado ao outro. "*O recolhimento se refere a um acolhimento*", diz ele numa passagem de "A Habitação" que pediria longas análises interrogativas. Lévinas descreve aí a intimidade da casa ou o *em-si*: lugares da interioridade

---

18. Por exemplo, *Totalité et Infini*, pp. 22, 54, 58, 60, 62, 66, 74, 128, 276 etc.

reunificada, lugares do recolhimento, seguramente, mas de um recolhimento no qual se dá o acolhimento hospitaleiro. Depois da análise do fenômeno inaparente, a saber, da *discrição* que, no rosto, alia a manifestação ao recolher-se, a Mulher é nomeada:

> o Outro cuja presença é discretamente uma ausência, e a partir da qual se dá o *acolhimento hospitaleiro por excelência* que descreve o campo da intimidade, é a Mulher. A mulher é a condição do recolhimento, da interioridade da Casa e da habitação[19].

Que *alcance* tem esse recolhimento? Em princípio, seguramente, acabamos de escutar, ele se *"refere a um acolhimento"*. É para lá que ele conduz, é lá que reside sua referência ou sua relação. Mas ele só *é em aparência*, na figura da Mulher ou da Casa, uma modalidade de acolhimento, no *eu-tu* da "linguagem silenciosa", do "entendimento sem palavras", da "expressão no segredo", naquilo que Lévinas chama aqui a "alteridade feminina".

Esta parece, antes de tudo, marcada por uma série de faltas. Uma certa negatividade se deixa denotar pelas palavras "sem", "não" e "ainda não". E o que falta aqui não é nada menos do que uma possibilidade eminente da linguagem: não a linguagem em geral mas a *transcendência* da linguagem, as palavras e o ensinamento a partir da altitude do rosto:

> O simples viver do [...] assentimento espontâneo dos elementos *não* é *ainda* a habitação. Porém, a habitação *não* é *ainda* a transcendência da linguagem. O Outro que *acolhe* na intimidade *não* é o *vós* do rosto que se revela numa dimensão de altitude – mais precisamente o *tu* da familiaridade: linguagem *sem* ensinamento, linguagem silenciosa, entendimento *sem* palavras, expressão no segredo. O eu-tu em que Buber percebe a categoria da relação interhumana não é a relação com o interlocutor, mas com a alteridade feminina[20].

Seguramente, se ela parece assim privada da "altitude" do rosto e da verticalidade absoluta do Altíssimo no ensinamento, a alteridade feminina fala – e ela fala uma linguagem huma-

---

19. *Totalité et Infini*, p. 128. Eu sublinho.
20. *Totalité et Infini*, pp. 128-129. *Vós* e *tu* são aqui as únicas palavras sublinhadas por Lévinas.

na. Nada de animal nela, apesar dos sinais que a descrição parece deixar derivar para esta sugestão. Simplesmente, esta linguagem é "*silenciosa*" e, se há hospitalidade ou "*terra de asilo*", é justamente porque que a habitação ultrapassa a animalidade. Porque se o em-si da habitação é "*em-si como numa terra de asilo*", isso significa que o habitante aí permanece ao mesmo tempo um exilado e um refugiado, um hóspede e não um proprietário. Humanismo desta "alteridade feminina", humanismo da outra mulher, do outro (como) mulher. Se a mulher, no silêncio de seu "ser feminino" não é um homem, ela permanece humana. Não mais que a proximidade em geral, a familiaridade da casa não põe fim à separação, da mesma maneira que o amor ou o Eros não significam a fusão. A familiaridade realiza pelo contrário a "energia da separação":

A partir dela [a familiaridade], a separação constitui-se como morada e habitação. Existir significa desde então permanecer. Permanecer não é por conseguinte o simples fato da realidade anônima de um ser jogado na existência como uma pedra que se joga para trás. É um *recolhimento*, uma vinda para si, uma retirada em-si como numa *terra de asilo*, que responde a uma *hospitalidade*, a uma espera, a um *acolhimento humano*. *Acolhimento humano* em que a linguagem que se cala permanece uma possibilidade essencial. Essas idas e vindas silenciosas do ser feminino, que faz ressoar por seus passos as espessuras secretas do ser, não correspondem ao inquietante mistério da presença animal e felina cuja estranha ambiguidade Baudelaire gosta de evocar[21].

Aparentemente, encontramos aí um dos contextos da discussão do *Je-Tu* (Eu-tu) de Buber. (Apesar das reservas que lhe inspira o discurso de Buber sobre o tratar-se por tu, Lévinas chega até mesmo a reconhecer, por vezes, uma "*retidão excepcional*" ao tratamento por tu[22]). Porém, como pensar que trata-se aqui de um contexto entre outros? Como acreditar que

21. *Totalité et Infini*, p. 129. Eu sublinho.
22. "O absoluto da presença do Outro que justificou a interpretação de sua epifania na retidão excepcional do tratamento por tu, não é a simples presença...", "La trace", em *Humanisme de l'autre homme*, p. 63. É preciso lembrar que esse texto situa para além do ser uma eleidade, uma "*Terceira pessoa* que não se define pelo Si-mesmo, pela ipseidade". O "ele" desta eleidade é marcado pela irreversibilidade e por uma "irretidão" que parece não ter aqui nenhuma conotação negativa. Uma certa "retidão", ao contrário, poderia então reduzir a transcendência dessa eleidade. Cf. p. 59.

esta modalidade do acolhimento permanece apenas uma modalidade situável da hospitalidade, em relação à casa, à habitação e sobretudo à feminilidade da mulher? As formulações de Lévinas bastariam para nos interditar uma tal restrição. Pelo menos, elas complicam particularmente a sua lógica. Insistentemente, elas definem explicitamente "*a Mulher*" como "*o acolhimento hospitaleiro por excelência*", "*o ser-feminino*" como "*o acolhedor por excelência*", "*o acolhedor em si*"[23]. Elas sublinham uma tal determinação essencial num movimento de consequências incomensuráveis. Ao menos em duas direções.

Por uma parte, precisaríamos pensar que "*o acolhedor por excelência*", "*o acolhedor em si*" acolhe nos limites que acabamos de lembrar, os da habitação e da alteridade feminina (*sem* "transcendência da linguagem", *sem* a "altitude" do rosto no ensinamento etc.). Estes limites correm o risco de passar, não entre o ético e o político, mas antes entre o pré-ético – a "habitação" ou "a alteridade feminina" antes da transcendência da linguagem, a altitude e a eleidade do rosto, o ensinamento etc. – *e* de outra parte o ético, como se pudesse existir aí um acolhimento, talvez mesmo, um acolhimento "por excelência", "em si", antes da ética. E como se o "ser feminino" enquanto tal não tivesse ainda acesso à ética. A situação do capítulo "A Habitação" e, mais amplamente, o lugar da secção à qual ele pertence "Interioridade e Economia" colocariam então sérios problemas de *architectonique*, ou seja o método que, em filosofia, coordena as diversas partes do sistema, se ao menos o *architectonique* não fosse uma "arte do sistema" (Kant) e se *Totalidade e Infinito* não começasse por colocar em causa a totalidade sistêmica como forma suprema de exposição filosófica. Pois poderíamos acrescentar que o *architectonique* reconduz, talvez, a filosofia ao habitável da habitação: é sempre a interioridade de uma economia que coloca os problemas do acolhimento que nos preocupam aqui.

Não é a partir deste abismo então que é preciso tentar interpretar a escritura, a língua (as línguas) e a composição deste livro singular, e sua exposição do acolhimento, do acolhimento por excelência a partir da diferença sexual? Não estamos no

---

23. *Idem*, p. 131.

fim de nossas questões. E tanto mais que elas concerneriam também a secção "Para além do Rosto", começando por "A Ambiguidade do Amor" e por tudo o que toca a feminilidade na análise da carícia "A Fenomenologia de Eros".

Não podemos aqui nos aprofundar nesta direção. Notemos apenas, como um momento de espera, que a "fenomenologia de Eros" permanece sobretudo e somente, *voltada*, por assim dizer, para o feminino, orientada pois do *ponto de vista* masculino, mas de um *ponto de vista* que se torna cegamento (ponto de vista) neste lugar de não luz que seria "O Feminino" enquanto que "essencialmente violável e inviolável"[24]. Esta inviolável violabilidade, esta vulnerabilidade de um ser que interdita a violência lá onde ele se expõe a ela sem defesa, eis o que, no feminino, parece figurar o rosto, embora o feminino "ofereça um rosto que vai além do rosto", lá onde Eros "consiste em ir para além do possível"[25].

Não deveríamos jamais minimizar as implicações – e os riscos – destas análises. Estas parecem ainda levadas, em 1961, pelo elã das análises que Lévinas, já em 1947, consagrava a Eros no *De l'existence à l'existant* (Da Existência ao Existente)[26] e no *Le Temps et l'autre* (O Tempo e o Outro)[27]. O feminino nomeia então aquilo que permite transcender ao mesmo tempo, num só movimento, o eu e o mundo da luz, e transcender pois uma certa dominação fenomenológica, de Platão a Husserl. Neste sentido, o feminino, que será em *Totalidade e Infinito* "o acolhimento por excelência", já é definido, em 1947, como o "outro por excelência".

O mundo e a luz são a solidão [...] Não é possível, com a ajuda de alguma das relações que caracterizam a luz, discernir a alteridade do outro que deve romper o definitivo do eu. Antecipemos que o plano de *Eros* permite entrever que o outro, por excelência, é o feminino [...]. O *Eros*, separado da interpretação platônica que desconhece totalmente o papel do feminino, é o tema de uma filosofia que, destacada de uma solidão da luz, e consequentemente da fenomenologia propriamente dita, ocupar-nos-á em outro trabalho[28].

24. *Idem*, p. 236.
25. *Idem*, p. 238.
26. Fontaine, Paris, 1947.
27. 1947, retomado em PUF (Quadrige) em 1983.
28. *De l'existence à l'existant*, pp. 144-145.

Na mesma época, no *O Tempo e o Outro*[29], uma análise da diferença sexual (Lévinas lembra com insistência que ela não é uma diferença entre outras, uma espécie do gênero "diferença": nem uma contradição nem uma complementaridade) conduz a proposições análogas. O feminino é um "modo de ser que consiste em escapar da luz", uma "fuga diante da luz", uma "maneira de existir" no "esconder-se" do pudor.

Se, em 1947, essas observações anunciam efetivamente *Totalidade e Inifinito* (1961), Lévinas voltará bem mais tarde, em 1985, a tratar algumas de suas proposições. Faremos alusão a isso um pouco mais a frente.

Em suma, Lévinas deve efetivamente começar por distinguir a hospitalidade e o amor, já que este não realiza aquela. Porém, ele reconhece que a "transcendência do discurso é ligado ao amor". Já que a transcendência do discurso não é a transcendência simplesmente, isso produz um emaranhado difícil de desfazer. Certos fios vão ao mesmo tempo *mais longe* e *menos longe* do que outros. Tanto quanto o *architectonique*, uma topologia objetiva permaneceria impotente para designar as linhas, as superfícies e os volumes, os ângulos ou as pedras angulares. Ela procuraria em vão discernir os traços da delimitação e medir as distâncias. De qual extensão se trata? O que vai *"mais longe"* do que a linguagem, quer dizer, o amor, vai também *"menos longe"* do que ela.

Porém, todos os fios passam inegavelmente pelo nó da hospitalidade, onde eles se amarram e se desamarram:

O evento metafísico da transcendência – *o acolhimento do Outro, a hospitalidade* – Desejo e linguagem – não se realiza como Amor. Porém, a transcendência do discurso está ligada ao amor. Mostraremos como, pelo amor, a transcendência vai, ao mesmo tempo, *mais longe e menos longe* do que a linguagem[30].

De outra parte, seríamos assim remetidos a esta implacável lei da hospitalidade: o hospedeiro que recebe (*host*), aquele que acolhe o hóspede, convidado ou recebido (*guest*), o

---

29. *Idem*, pp. 77-79.
30. *Totalité et Infini*, p. 232. Eu sublinho.

hospedeiro, que se acredita proprietário do lugar, é na verdade um hóspede recebido em sua própria casa. Ele recebe a hospitalidade que ele oferece *na* sua própria casa, ele a recebe *de* sua própria casa – que no fundo não lhe pertence. O hospedeiro como *host* é um *guest*. A habitação se abre a ela mesma, a sua "essência" sem essência, como *"terra de asilo"*. O que acolhe é sobretudo acolhido em-si. Aquele que convida é convidado por seu convidado. Aquele que recebe é recebido, ele recebe a hospitalidade naquilo que considera como sua própria casa, até mesmo em sua própria terra, segundo a lei que lembrava também Rozensweig. Este sublinhava esse desapossamento originário, a retirada que expropriando o "proprietário" de seu próprio mesmo, e a *ipse* de sua ipseidade, faz de seu em-si um lugar ou uma locação de passagem:

diferentemente de todos os outros povos, a propriedade plena e inteira sobre sua pátria lhe é contestada [ao povo eterno] mesmo quando ele está em sua própria casa; ele próprio é apenas um estrangeiro, um residente provisório em seu próprio país: "É meu este país", diz-lhe Deus. A Santidade da terra retira a terra à sua apropriação normal[31].

A aproximação pode parecer forçada ou artificial, mas eu a considero necessária, e não deixarei de utilizá-la, ao menos implicitamente, entre as proposições de Rozensweig e as de Lévinas, entre esta lei divina que faria do habitante um hóspede (*guest*) recebido em sua própria casa, do proprietário um locatário, do hospedeiro acolhendo um hóspede e, por outra parte, esta passagem sobre o ser feminino como "o acolhedor por excelência", "o acolhedor em si". Porque Lévinas define assim o acolhedor em si – seria preciso dizer

---

31. F. Rozensweig, *L'étoile de la rédemption*, trad. A. Derczanski e J.-L. Schlegel, Éd. Le Seuil, 1982, p. 355. Lévinas citará também este versículo 25,23 do Levítico em "L'étrangeté à l'être", em *Humanisme de l'autre homme*, p. 97: "Nenhuma terra será alienada irreversivelmente, porque a terra é minha, porque vocês são apenas estrangeiros, domiciliados na minha casa".

Dhromes (Bibliothèque de la Pléiade): "A terra não será vendida eternamente, porque a terra é minha, enquanto que vocês são hóspedes e residentes em minha casa".

Chouraqui: "A terra não será vendida definitivamente. Sim, a terra é minha!/Sim, vocês estão comigo como estrangeiros e habitantes".

a acolhedora antes do acolhedor (a partir do que, pois, um acolhimento propriamente dito pode-se anunciar em geral) num momento preciso: no momento em que ele julga necessário sublinhar que a casa não é possuída. Ao menos, ela só é possuída, num sentido muito particular deste termo, na medida em que ela já é hospitaleira ao seu proprietário. O dono da casa, "o senhor do lugar" já é um hóspede *recebido*, o *guest*, em sua própria casa. Esta precedência absoluta do acolhimento, do acolher ou da acolhida seria precisamente a feminilidade da "Mulher", a interioridade como feminilidade – e como "*alteridade feminina*". Como na narrativa de Klossowski, se esta referência a uma teatralização perversa não é demasiado chocante nestes lugares, o "senhor do lugar" torna-se o convidado do seu convidado porque a mulher está lá em primeiro lugar. A experiência da pervertibilidade da qual falamos um pouco acima, que ao mesmo tempo chama e exclui o terceiro, nós a perceberíamos aqui na sua ligação indissolúvel com a diferença sexual.

Pode-se fazer mais de uma leitura das poucas linhas que pretendo citar. Seria preciso deter-se longamente nestas reflexões. Uma certa abordagem reconheceria e inquietar-se--ia, como já o fiz anteriormente[32] num texto sobre o qual não quero voltar, a atribuição tradicional e androcêntrica de certos traços à mulher (interioridade privada, domesticidade apolítica, intimidade de uma socialidade da qual Lévinas diz que

---

32. "En ce moment même dans cet ouvrage me voici", em *Textes pour Emmanuel Lévinas*, Place, 1980, retomado *in Psyché. Inventions de l'autre*, Éd. Galiléé, 1987.
Como assinalamos há pouco, Lévinas voltará muito mais tarde sobre a lógica dessas proposições, em particular, em 1985: "Na época de meu pequeno livro intitulado O Tempo e o Outro, eu pensava que a feminilidade era uma modalidade da alteridade – este "outro gênero" – e que a sexualidade e o erotismo eram esta não indiferença ao outro, irredutível à alteridade formal dos termos num conjunto. Penso hoje que é preciso ainda um aprofundamento e que a exposição, a nudez e a "demanda imperativa" do rosto do outro constituem esta modalidade que o feminino já supõe: a proximidade do próximo é a alteridade não formal". (Explicações recolhidas em fevereiro de 1985 pelo hebdomadário *Construire* [Zurique] por L. Adert e J.-Ch. Aeschliman). Mas já em *Autrement qu'être...*, uma nova fenomenologia da pele, de sua exposição ao ferimento ou à carícia, situa uma "responsabilidade antes do Eros", p. 113.

ela é "sociedade sem linguagem"[33] etc.). Uma outra leitura pode ser tentada, que não se oporia, de maneira polêmica ou dialética, nem a esta primeira leitura nem a esta interpretação de Lévinas.

Antes de situar esta outra orientação, escutemos ainda a definição de "*o acolhimento hospitaleiro por excelência*", "*o acolhedor por excelência*", "*o acolhedor em si*", a saber "*o ser feminino*" – e sublinhemos:

> A casa que funda a posse não é posse no mesmo sentido que as coisas móveis que ela pode recolher e guardar. Ela é possuída, porque ela é, doravante, *hospitaleira ao seu proprietário*. O que nos remete à sua interioridade essencial e ao habitante que a habita *antes de todo habitante, ao acolhedor por excelência, ao acolhedor em si – ao ser feminino*[34].

A outra abordagem desta descrição não protestaria contra um androcentrismo clássico. Poderia mesmo, ao contrário, fazer deste texto uma espécie de manifesto feminista. É a partir da feminilidade que ele define o acolhimento por excelência, o acolher ou a acolhida da hospitalidade absoluta, absolutamente originária, pré-originária mesmo, quer dizer, a origem pré--ética da ética, e nada menos que isso. O gesto atingiria uma profundidade de radicalidade essencial e meta-empírica que leva em conta a diferença sexual numa ética emancipada da ontologia. Iria até a confiar a abertura do acolhimento ao "*ser feminino*" e não às mulheres empíricas de *fato*. O acolhimento, origem an-árquica da ética pertence à "*dimensão de feminilidade*" e não à presença empírica de um ser humano do "sexo feminino". Porque Lévinas antecipa a objeção:

> Será preciso acrescentar que de modo algum trata-se de sustentar aqui, desafiando o ridículo, a verdade ou a contraverdade empírica segundo a qual cada casa supõe *de fato* uma mulher? O feminino foi encontrado nesta análise

---

33. "A relação que se estabelece, na voluptuosidade, entre os amantes [...] é todo o contrário da relação social. Ele exclui o terceiro, ela permanece intimidade, solidão a dois, sociedade fechada, o não público por excelência. O feminino é o Outro, refratário à sociedade, membro de uma sociedade a dois, de uma sociedade íntima, de uma sociedade sem linguagem". *Totalité et Infini*, p. 242.

34. *Idem*, p. 131.

como um dos pontos cardeais do horizonte em que se situa a vida interior – e a ausência empírica do ser humano de "sexo feminino" numa habitação não muda nada da dimensão de feminilidade, a qual permanece aí aberta como o acolhimento mesmo da casa[35].

Será preciso escolher aqui entre duas leituras incompatíveis, entre uma hipérbole androcêntrica e uma hipérbole feminista? E existe lugar para uma tal escolha numa ética? E na justiça? No direito? Na política? Nada é menos seguro. Sem nos determos por ora nesta alternativa, guardemos apenas isto, para a trajetória que esboçamos aqui: em tudo o que diremos e comentaremos a seguir, devemos lembrar, mesmo em silêncio, que este pensamento do acolhimento, na abertura da ética, está necessariamente marcado pela diferença sexual. Esta não será nunca mais neutralizada. O acolhimento absoluto, absolutamente originário, talvez mesmo pré-original, o acolher por excelência, é feminino, ele tem lugar num lugar não apropriável, numa "interioridade" aberta da qual o senhor ou o proprietário recebe a hospitalidade que em seguida ele queria dar.

A hospitalidade precede a propriedade, e isso não será sem consequências, voltaremos a esse ponto, para o evento do dom da lei, para a relação bem enigmática entre o refúgio e a Torá, a cidade-refúgio, a terra de asilo, Jerusalém, e o Sinai.

---

35. *Ibidem*.

II

Não poderemos cumprir aqui uma tarefa que é no entanto tão necessária: reconhecer pacientemente este pensamento do acolhimento por todos os caminhos de sua escritura, por toda parte em que ele segue um rastro, certamente obedecendo a frase ou o idioma de Lévinas, mas no cruzamento de diversas línguas, na fidelidade a mais de uma memória.

Aproximemo-nos mais modestamente do que se anuncia quando a palavra "hospitalidade", este quase-sinônimo de "acolhimento", vem todavia determinar ou talvez restringir a sua figura, designando assim os lugares entre a ética, a política e o direito, os lugares de "nascimento da questão", como notávamos há pouco, os "lugares" aos quais conviria talvez conferir os nomes "rosto" e "Sinai", como eles se propõem hoje ao nosso estudo.

Observamos que a frase cuja leitura eu havia interrompido ou desviado por um momento ("*Ela* [a intencionalidade, a consciência de] ... *é atenção à palavra ou acolhimento do rosto, hospitalidade e não tematização*"), apresenta-nos uma cadeia de equivalências. Mas que faz a cópula desta proposição serial? Ela liga os fenômenos de desvinculação. Ela supõe que esta abordagem do rosto – como intencionalidade ou acolhimento, quer dizer como hospitalidade –, permanece inseparável da própria separação. A hospitalidade supõe a "separação radical" como experiência da alteridade do outro, como relação ao outro, no sentido que Lévinas sublinha e trabalha na palavra "relação", no seu *alcance* ferencial, referencial ou antes, como ele assinala por vezes, deferencial. A relação ao outro é deferência. Tal separação significa aquilo justamente que Lévinas re-nomeia a "metafísica": ética ou filosofia primeira por oposição à ontologia. Porque ela se abre, para acolhê-la, à irrupção da ideia de infinito no finito, esta metafísica é uma experiência da hospitalidade. Lévinas justificava assim a vinda da palavra *hospitalidade*, ele preparava o seu limiar. A passagem *meta ta physica* passa pela hospitalidade de um limiar finito que se abre ao infinito, porém esta passagem *meta-física* tem lugar, ela se passa e passa pelo abismo ou pela transcendência da separação:

> Ao pensamento metafísico em que um finito tem a ideia do infinito – onde se produz a separação radical e, simultaneamente, a relação com o outro – reservamos o termo de intencionalidade, de consciência de... Ela é atenção à palavra ou acolhimento do rosto, hospitalidade e não tematização.

As causalidades lógicas destas proposições agem uma vez mais como elípticos e pacíficos atos de força. A cópula predicativa do "é" só articula e vincula os conceitos segundo a lei de uma certa separação, de uma separação infinita sem a qual não haverá jamais hospitalidade digna deste nome.

O que é que isso quer dizer? Uma decisão terminológica deliberada remete a palavra "metafísica" a esta situação em que "*um finito tem a ideia do infinito*"; ela se dá o direito de "reservar" a utilização de uma palavra ("*Ao pensamento metafísico em que um finito tem a ideia do infinito* [...] *reservamos o termo de intencionalidade, de consciência de...*"). Anteriormente, a sincronia de um "simultaneamente", vindo determinar a autoprodução de um evento que "se produz", havia colocado numa mesma equação a metafísica, o acolhimento do outro e a "separação radical" ("*Ao pensamento metafísico em que um finito tem a ideia do infinito – onde se produz a separação radical e, simultaneamente, a relação com o outro – reservamos o termo de intencionalidade, de consciência de...*". Eu sublinho, evidentemente). A frase que segue ("Ela é atenção à palavra ou acolhimento do rosto, hospitalidade e não tematização") guarda a doçura discreta do que alguns poderiam, todavia, interpretar como a lógica de decretos performativos pela invenção de uma nova linguagem ou de um novo uso de velhas palavras. Ela abre à hospitalidade por um ato de força que é justamente uma declaração de paz, a declaração da paz propriamente dita. E nos interrogaremos mais tarde sobre o que é o evento da paz para Lévinas.

A utilização paradoxal de uma cópula (*"Ela é atenção à palavra ou acolhimento do rosto, hospitalidade e não tematização"*) não coloca apenas, entre várias significações substantivas, um elo de essência que se refere precisamente ao desvinculamento comum de uma separação radical. Esta cópula leva ao que será, na página seguinte, explicitamente situado *"para além do ser"*. Assim sendo, uma tal proposição pode fazer valer como hospitalidade, não apenas a intencionalidade ou a consciência-de, às quais remetem claramente a gramática do "ela" e todas as aposições que se seguem ("Ela é atenção à palavra ou acolhimento do rosto, hospitalidade"), mas também a metafísica propriamente dita, o infinito no finito, a separação radical, a relação com o outro etc. A ess*â*ncia[1] do que é, ou antes do que *se abre* assim para além do ser, é a hospitalidade.

Poder-se-ia tirar uma conclusão abrupta, numa linguagem que não é mais literalmente a de Lévinas; a hospitalidade é infinita ou ela não é; ela é acordada ao acolhimento da ideia do infinito, portanto do incondicional, e é a partir de sua abertura que se pode dizer, como o fará Lévinas um pouco mais adiante que *"a moral não é um ramo da filosofia, mas a filosofia primeira"*[2].

---

1. Palavra que Lévinas escreveu com um *a*, em 1968, na primeira versão de "La substitution" em *Revue Philosophique de Louvain*, tomo 66, agosto 1968, p. 491. A palavra "ess*a*nce" aparece também em *De Dieu qui vient à l'idée*, Éd. Vrin, 1982, p. 164.
2. *Totalité et Infini*, p. 281.

Ora, esta hospitalidade infinita, portanto incondicional, esta hospitalidade à abertura da ética; como será ela regulamentada numa prática política ou jurídica determinada? Como, por sua vez, regulamentará ela uma política e um direito determináveis? Dará ela lugar, chamando-os assim, a uma política e a um direito, a uma justiça aos quais nenhum dos conceitos que herdamos com estes nomes seriam adequados? Deduzir da presença em minha finitude da ideia do infinito que a consciência *é* hospitalidade, que o *cogito* é hospitalidade oferecida ou dada, *acolhimento* infinito, eis um passo que o cavaleiro francês, que andava tão bem, não teria, talvez, podido dar tão facilmente, mesmo se Lévinas se refere frequentemente a ele.

Porque ela é hospitalidade, a intencionalidade resiste à tematização. Ato sem atividade, razão como receptividade, experiência sensível *e* racional do *receber*, gesto de acolhimento, boas-vindas oferecidas ao outro como estrangeiro, a hospitalidade abre-se como intencionalidade mas ela não saberia tornar-se objeto, coisa ou tema. A tematização, ao contrário, já supõe a hospitalidade, o acolhimento, a intencionalidade, o rosto. O fechar a porta, a inospitalidade, a guerra, a alergia já implicam, como sua possibilidade, a hospitalidade oferecida ou recebida: uma declaração de paz original, mais precisamente pré-originária. Trata-se, talvez lá de um desses traços temíveis que na lógica de uma relação bastante emaranhada com a herança kantiana – voltaremos a isso – distingue a paz ética e originária (originária mas não natural: é preferível dizer pré-originária, an-árquica), segundo Lévinas, da "paz perpétua" e de uma hospitalidade universal, cosmo-*política*, portanto política e jurídica, a mesma que, Kant nos lembra, deve ser instituída para interromper um estado de natureza belicoso, para romper com uma natureza que só conhece a guerra atual ou virtual. Instituída como a paz, a hospitalidade universal deve, segundo Kant, pôr fim à hostilidade natural. Para Lévinas, ao contrário, a própria alergia, a recusa ou o esquecimento do rosto vêm inscrever sua negatividade segunda sobre um fundo de paz, sobre o fundo de uma hospitalidade que não pertence à ordem do político, ao menos não simplesmente ao espaço político. Reside, talvez aí, uma segunda diferença com o conceito kantiano de paz, conceito aparentemente jurídico e político, correlato de uma instituição interestatal e republicana, enquanto que no fim de "Política Depois!"[3], Lévinas avança a sugestão ("sugestão" é uma palavra dele, quase a última palavra de "Política Depois!" que "*a paz é um conceito que ultrapassa o pensamento puramente político*". Eco longínquo porém fiel desta declaração de paz que abria o prefácio de *Totalidade e Infinito*: "*Da paz, só pode existir escatologia*".

Tal como um tratado curto de "guerra e paz", este Prefácio subtraía também o conceito de escatologia profética à sua evidência filosófica, ao horizonte da história ou de um fim da história. A paz da qual só pode existir escatologia "não vem ocupar o lugar na história objetiva que descobre a guerra, como fim desta guerra ou como fim da história"[4].

Abandonemos provisoriamente estas poucas referências indicativas. Estavam destinadas a justificar aqui mesmo, mas de longe, a necessidade de voltar à extraordinária complexidade desta problemática, em Kant e em Lévinas, entre o Kant de *Zum ewigen Frieden* (Para a Paz Eterna) e a questão da ética, do jurídico e do político no pensamento da hospitalidade em Lévinas.

A intencionalidade é hospitalidade, diz então, literalmente, Lévinas. A força desta cópula leva a hospitalidade bem longe. Não há uma experiência intencional que, aqui ou lá, faria – ou não – a experiência circunscrita de alguma coisa que viríamos a chamar, de maneira determinante e determinável, hospitalidade. Não, a intencionalidade abre-se, desde o seu próprio limiar, na sua estrutura mais geral, como hospitalidade, acolhimento do rosto, ética da hospitalidade, portanto ética em geral. Porque a hospitalidade não é tampouco uma região da ética, ou até mesmo – voltaremos a isso – o nome de um problema de direito ou de política: ela é a eticidade propriamente dita, o todo e o princípio da ética. E se a hospitalidade não se deixa circunscrever nem derivar, se ela transe originariamente o todo da experiência intencional, então a hospitalidade não tem contrário algum: os fenômenos de alergia, de rejeição, de xenofobia, a própria guerra manifestam ainda tudo o que

---

3. "Politique aprés!" em *L'au-delà du verset*, 1982, p. 228.
4. *Totalité et Infini*, p. XII.

Lévinas confere ou alia explicitamente à hospitalidade. Ele fez questão de sublinhar, parece-me, numa entrevista da qual esqueço a literalidade: o pior torturador atesta – se é que ele não o salva – aquilo mesmo que ele destrói, nele ou no outro, a saber, o rosto. Que ela queira ou não, que se saiba ou não, a hostilidade testemunha a hospitalidade: *"separação radical"*, *"relação com o outro"*, *"intencionalidade, consciência-de, atenção à palavra ou acolhimento do rosto"*.

Dito de outra maneira, não há intencionalidade antes de e sem este acolhimento do rosto que se chama hospitalidade. E não há acolhimento do rosto sem este discurso que é justiça, *"retidão do acolhimento dado ao rosto"*, o que estabelece esta frase das últimas páginas de *Totalidade e Infinito*: "...a essência da linguagem é bondade, ou ainda [...] a essência da linguagem é amizade e hospitalidade"[5].

Reciprocamente, não se compreenderia nada da hospitalidade sem esclarecê-la por uma fenomenologia da intencionalidade, uma fenomenologia que renuncie todavia, *lá onde é preciso*, à tematização. Eis uma mutação, um salto, uma heterogeneidade radical, mas discreta e paradoxal, que a ética da hospitalidade introduz na fenomenologia. Lévinas a interpreta também como uma interrupção singular, uma suspensão ou uma *épokhé da* fenomenologia propriamente dita, mais ainda e antes até que uma *épokhé* fenomenológica.

Poderíamos ter a tentação de relacionar esta interrupção àquela que introduz a separação radical, quer dizer, a condição da hospitalidade. Porque a interrupção que o discurso ético marca *no interior* da fenomenologia, em seu dentro-fora, não é uma interrupção como qualquer outra. A fenomenologia impõe esta interrupção a si mesma. A fenomenologia *interrompe a si mesma*. Esta interrupção de si por si-mesmo, se alguma coisa de parecido é possível, pode ou deve ser assumida pelo pensamento: é o discurso ético – e é também, como limite da tematização, a hospitalidade. A hospitalidade não é uma interrupção de si?

(É verdade que uma *certa* interrupção da fenomenologia por ela mesma já tinha se imposto a Husserl sem que ele o tivesse reconhecido como uma necessidade ética, quando

---

5. *Idem*, p. 282.

ele tinha precisado renunciar ao princípio dos princípios da intuição originária ou da apresentação em pessoa, "em carne e em osso". Que ele tenha precisado fazer isso nas *Méditations cartésiennes* (Meditações Cartesianas) a respeito do outro, de um *alter ego* que só se dá por analogia apresentativa e permanece então radicalmente separado, inacessível à percepção originária, eis aí algo que não é insignificante nem para a fenomenologia husserliana nem para o discurso de Lévinas sobre a transcendência do outro – discurso que, à sua maneira, também é herdeiro desta interrupção. O que se disse aqui do outro não se separa, temos insistido em outros trabalhos, da alteridade como movimento de temporalização. Para resumir, *O Tempo e o Outro*, para citar um título).

Não compreenderemos nada da hospitalidade se não entendermos o que pode querer dizer "interromper-se a si mesmo", e a interrupção de si por si-mesmo como outro. Em "A Proximidade"[6], uma nota precisa deste ponto quando trata da *"linguagem ética à qual a fenomenologia recorre para marcar sua própria interrupção"*. Esta linguagem ética *"não vem da intervenção ética sobreposta às descrições. Ela é o sentido mesmo da abordagem que decide sobre o saber"*.

A interrupção não se impõe à fenomenologia como por decreto. É no próprio curso da descrição fenomenológica, seguindo uma análise intencional fiel ao seu movimento, ao seu estilo e às suas próprias normas, que a interrupção *se produz*. Ela *se decide* em nome da ética, como interrupção de si por si-mesma. Interrupção de si por uma fenomenologia que se entrega assim à sua própria necessidade, à sua própria lei, onde esta lei ordena-lhe interromper a tematização, quer dizer, ordena-lhe também ser in fiel a si por fidelidade a si, por esta fidelidade *"à análise intencional"* que Lévinas sempre reivindicará[7]. Esta fidelidade que torna infiel é o respeito da consciência-de como hospitalidade.

O próprio Lévinas toma esta interrupção de si por um "paradoxo". Este não traduz outra coisa que o "enigma" de um

---

6. *Archives de philosophie*, T. 34, Cahier 3, juil.-sept. 1971, p. 388, retomado em *Autrement qu'être...*, p. 230.

7. Cf. por exemplo, *Autrement qu'être...*, p. 230.

rosto que só se apresenta, se pudermos dizer ainda, lá onde, recolhendo-se à discrição, ele é *"refratário ao desvelamento e à manifestação"*, senão à luz da "glória". O que se encontra assim interrompido, antes que rasgado ou restaurado, no momento primeiro da hospitalidade, não é nada menos que a figura do véu e da verdade como revelação, desvelamento ou mesmo velamento/desvelamento. Esta nota de "A Proximidade" era efetivamente evocada por uma análise do *"rosto como traço"* que *"indica sua própria ausência sob minha responsabilidade"* e *"exige uma descrição que só toma forma numa linguagem ética"*.

Essa linguagem ética da fenomenologia descreve a prescrição onde esta só se deixa descrever já prescrevendo, prescrevendo ainda. Poder-se-á sempre interpretar o discurso fenomenológico ao mesmo tempo como prescrição e descrição neutra do fato da prescrição. Esta neutralização permanece sempre possível, e temível. É, indubitavelmente, um dos riscos contra os quais Lévinas reage, a cada vez que ele critica a neutralização ou a neutralidade – aquela que ele imputa a Heidegger, reconhecendo curiosamente a Blanchot o mérito de ter *"contribuído a salientar"*[8]...

Desenvolvendo a série de proposições analíticas que acordam a hospitalidade à metafísica do rosto, uma redefinição da subjetividade do sujeito nomeia de passagem o acolhimento, a habitação e a casa. *Totalidade e Infinito* já tinha tratado esses motivos mais acima[9], lembremo-nos, sob o título de "A Habi-

---

8. *Totalité et Infini*, p. 274. "Temos assim a convicção de ter rompido com a filosofia do Neutro: com o ser do sendo heideggeriano, cuja neutralidade impessoal a obra crítica de Blanchot tanto contribuiu a salientar...".

Como o pensamento do Neutro – da maneira pela qual ele se escreve incessantemente na obra de Blanchot – não se deixa absolutamente reduzir ao que Lévinas entende aqui pelo Neutro, uma tarefa imensa e abissal permanece aberta aqui. O próprio Lévinas o sugeriu, muito mais tarde, precisamente a respeito do Neutro e do *Il y a* [existe]: "...a obra e o pensamento de Maurice Blanchot podem ser interpretados ao mesmo tempo em duas direções". (*Maurice Blanchot*, Éd. Fata Morgana, 1975, p. 50). Sim, ao menos em duas direções.

9. p. 129. Estas análises são desenvolvidas de maneira tão apaixonante quanto problemática no capítulo "Phénoménologie de l'Éros". Elas haviam sido preparadas em função das conferências de 1946-1947, reunidas sob o título *Le temps et l'autre*. Como havíamos sublinhado, a diferença dos sexos

tação", do "em-si" para além do "para si", da *"terra de asilo"* e antes de tudo do feminino: "alteridade feminina", acolhimento por excelência, doçura do rosto feminino, linguagem feminina que se cala na discrição de um silêncio que não tem nada de natural ou de animal etc.

Se a categoria do *acolhimento* determina em toda parte uma pré-abertura, esta não se reduz jamais a uma figura indeterminada do espaço, nem a uma aperção, nem a uma abertura à fenomenalidade (por exemplo, no sentido heideggeriano de *Erschliessung, Erschlossenheit*, ou *Offenheit*). O acolhimento orienta, ele *gira* em direção do outro o *topos* de uma abertura[10] da porta e do limiar, ele o oferece ao outro *como* outro, lá onde o *como tal* do outro se subtrai à fenomenalidade e, mais ainda, à temacidade. De uma frequência excepcional, o léxico do acolhimento, o substantivo "acolhimento" e o verbo "acolher" desvelam as chaves deste livro por toda parte, poder-se-ia dizer. Por exemplo, no momento das "Conclusões": *"No acolhimento do outro, eu acolho o Altíssimo ao qual minha liberdade se subordina..."*[11].

A subordinação da liberdade significa, seguramente, uma sujeição do *subjectum*, porém um assujeitamento que ao invés

---

é aí analisada para além de uma "diferença específica qualquer", como uma "estrutura formal". Para além da "contradição" ou da "dualidade de dois termos complementares", ela "recorta a realidade num outro sentido e condiciona a própria possibilidade da realidade como múltipla, contra a unidade do ser proclamada por Parmênides" (pp. 77-78). Destinada a esconder-se, à "fuga diante da luz" e ao "pudor", a feminilidade representa tudo o que, na alteridade, resiste então ao velamento/desvelamento, ou seja, a uma certa determinação da verdade. Ela é na verdade, a própria alteridade: "a alteridade se realiza no feminino" (pp. 79-81).

10. "A abertura pode ser entendida em muitos sentidos" lê-se também em "Subjetivité et vulnérabilité", em *Humanisme de l'autre homme*, p. 92. O primeiro sentido concerneria a abertura de um objeto a todos os outros (referência ao Kant da *Terceirra Analogia da Experiência*), o segundo, a intencionalidade ou o êxtase da ek-sistência (Husserl e Heidegger). O "terceiro sentido" importa sobremaneira a Lévinas; é aquele da "desnudação da pele exposta", a "vulnerabilidade de uma pele oferecida, no ultraje e na ferida, para além de tudo o que pode se mostrar...", a "sensibilidade" "oferecida à carícia", mas também "aberta como uma cidade declarada aberta à aproximação do inimigo...". A hospitalidade incondicional seria esta vulnerabilidade – ao mesmo tempo passiva, exposta *e* assumida.

11. *Idem*, p. 276.

71

de privá-lo de liberdade, dá ao sujeito ao mesmo tempo seu nascimento e a liberdade assim ordenada. Trata-se de uma subjetivação, sem dúvida, mas não no sentido da interiorização, antes de um vir a si do sujeito no movimento em que ele acolhe o Completamente-Outro (*Tout-Autre*) como Altíssimo (*Très-Haut*). Esta subordinação ordena e dá a subjetividade do sujeito. O acolhimento do Altíssimo no acolhimento do outro é a subjetividade propriamente dita. O parágrafo que havíamos começado a ler ("*Ela é atenção à palavra ou acolhimento do rosto, hospitalidade e não tematização*") junta-se, em conclusão, numa espécie de teorema ou de proposição definicional. Termina por re-definir a subjetividade como hospitalidade, separação sem negação e assim sem exclusão, energia aforística do desvinculamento na afirmação ética: "Ela [a consciência de si "em sua casa"] realiza assim, positivamente, separação, sem se reduzir a uma negação do ser do qual ela se separa. Mas assim justamente, ela pode acolhê-lo. O sujeito é um hóspede."[12]

O sujeito: um hóspede. Equação surpreendente que se pode fazer ressoar, consoar, comparecer – sem nenhum artifício, creio – com esta outra fórmula que surgirá alguns anos mais tarde, em "A Substituição", depois em *De Outro Modo que Ser ou Para-além da Essência*. Igualmente breve, densa e aforística, esta segunda sentença não diz, ela não diz mais "*O sujeito é um hóspede*" mas "*O sujeito é refém*"[13], ou ainda, um pouco adiante "*A ipseidade...é refém*".

Isso resulta no mesmo? No mesmo da relação ao outro? Estas duas proposições querem dizer a mesma subjetividade do sujeito?

Não mais que o ser "hóspede", sem dúvida, este ser "refém" do sujeito não é um atributo ou um acidente tardio sobrevindo ao sujeito. Como o ser-hóspede, o ser-refém é a subjetividade do sujeito enquanto "responsabilidade pelo outro":

A responsabilidade pelo outro que não é um acidente ocorrendo a um Sujeito, mas precede nele à Essência, não esperou a liberdade em que teria sido tomado o engajamento pelo outro. Eu nada fiz e sempre estive em causa:

12. *Idem*, p. 276.
13. *Idem*, p. 142.

perseguido. A ipseidade, na sua passividade sem *arché* da identidade, é refém. A palavra *Eu* signifca *eis-me aqui*, respondendo de tudo e de todos[14].

Que faz então a fórmula "*O sujeito é refém*"? Ela marca uma escansão, uma pontuação forte no avançar de uma lógica da *sub*stituição. O refém é sobretudo alguém cuja unicidade sofre a possibilidade de uma *sub*stituição. Ele sofre esta substituição, ele é aí sujeito assujeitado, sujeito submetido no próprio momento em que ele se apresenta ("eis-me aqui") na responsabilidade pelos outros. A substituição toma então o lugar da "subordinação" (constituição da subjetividade na sujeição, o assujeitamento, a subjetivação) que acabamos de situar em *Totalidade e Infinito*. Inseparável de uma nova configuração conceitual e lexical, de palavras novas ou renovadas (vulnerabilidade, traumatismo, psicose, acusação, perseguição, obsessão etc.), a substituição seguramente faz avançar, de maneira continuada – parece-me – o elã e a "lógica" de *Totalidade e Infinito*, mas para desalojar ainda mais gravemente o primado da intencionalidade, em todo caso, o que ligaria ainda este primado àquele de uma "vontade" ou de uma "atividade". E se a eleidade do terceiro marca sempre – lembremo-nos – o nascimento da questão ao mesmo tempo que o "é preciso" da justiça, a palavra "questão" encontra-se agora submetida à situação do refém: o sujeito é refém enquanto ele é menos "questão" do que "*em* questão". Sua acusação, sua perseguição, sua obsessão, sua "obsessão persecutória" é seu "ser-em-questão". Não o ser do questionador ou do questionado, mas o ser-em-questão, lá onde, pode-se dizer, ele *se encontra colocado em causa*, lá onde passivamente ele *se encontra* e se encontra contestado, interpelado, acusado, perseguido, *colocado em causa*. Mas, no fundo, precisamos pois pensar como um mesmo destino esta outra maneira de habitar, de acolher ou de ser acolhido. O hóspede é um refém enquanto é um sujeito colocado em questão, obcecado (portanto sitiado), perseguido, no próprio lugar em que ele tem lugar, lá onde, emigrado, exilado, estrangeiro, hóspede sempre, ele se encontra domiciliado antes de eleger domicílio.

14. *Idem*, p. 145. Cf. também pp. 150, 164, 179, 201, 212.

A subjetividade do sujeito é a responsabilidade ou o ser-em-questão à guisa de exposição total à ofensa, na face exposta àquele que o agride[15]. Responsabilidade anterior ao diálogo, à troca de questões e respostas [...]. A recorrência da perseguição no *si-mesmo*, é assim irredutível à intencionalidade onde se afirma, até mesmo na sua neutralidade de movimento contemplativo, a vontade [...]. A recorrência do si na responsabilidade-pelos-outros, obsessão persecutória, vai a contrassenso da intencionalidade, de maneira que a responsabilidade pelos outros não poderia jamais significar vontade altruísta [...]. É na passividade da obsessão – ou encarnada – que uma identidade se individualiza única, sem recorrer a nenhum *sistema* de referências, na impossibilidade de subtrair-se de imediato, à atribuição do outro [...] *sob* a acusação de todos, a responsabilidade por todos vai até à substituição. O sujeito é refém[16].

Movemo-nos nos meandros obscuros de uma familiaridade semântica, senão etimológica, entre *hóspede* e *refém*, entre o sujeito como hóspede e o sujeito (ou a ipseidade) como refém. Que se subentenda na palavra "refém" (*ostage*) um hóspede dado ou recebido em *penhor* substitutivo nos lugares do poder e à disposição do soberano, ou que se subentenda o *obsidium* ou o *obsidatus* (condição de refém ou de cativo) a partir de uma situação obsidional, permanece possível, segundo as duas vertentes, de reencontrar o penhor da substituição ("a acusação de todos", "a responsabilidade por todos"), a saber, a passagem que abre Lévinas entre estas duas figuras da mesma ética: a hospitalidade sem propriedade e a "obsessão persecutória" do refém. Como já pudemos lembrar, fica atestada a genealogia que liga o termo de ipseidade (desde sempre no centro do discurso de Lévinas) à semântica da hospitalidade, do *hospes* como *hosti-pet-s*, isto é, o mestre do

---

15. Esta alusão a uma passagem das *Lamentações* (3, 30) inscreve-se, noutro lugar, numa contestação discreta de sua retomada cristã, retomada patética e mortificada, talvez mesmo, masoquista: "A vulnerabilidade é mais (ou menos) do que a passividade recebendo forma ou choque [...] Ele oferece a face àquele que o agride ou então se satisfaz na vergonha", diz admiravelmente um texto profético. Sem fazer intervir uma pesquisa deliberada do sofrimento ou da humilhação (oferta da outra face), ele sugere, no primeiro sofrer, no sofrer enquanto sofrer, um consentimento insuportável e duro que anima a passividade e que a anima estranhamente contra sua vontade, enquanto que a passividade como tal não tem nem força nem intenção, nem boa vontade nem má vontade. "Subjectivité et vulnérabilité", em *Humanisme de l'autre homme*, p. 93.
16. *Autrement qu'être...*, p. 142.

hóspede, onde as significações do si-mesmo, do controle, da posse e do poder se emaranham numa rede cerrada, vizinha da hostilidade do *hostis*[17].

---

17. Permito-me remeter aqui, ainda uma vez, às análises de Benveniste [capítulo consagrado à hospitalidade em seu *Vocabulaire des institutions indo-européennes*. Elas demandariam também uma leitura e muitas questões que devemos deixar por ora em suspenso.

III

Hoje, no pano de fundo dessas temíveis dificuldades, poderíamos ver surgir aqui, ao menos *três tipos de questão*. Tentaremos apenas situá-las para consagrar a elas algumas análises bastante desiguais; desiguais entre elas e desiguais quanto a suas implicações.

1. Encontramos em primeiro lugar a questão de um trajeto entre estas duas definições – separadas por anos de distância – breves e explícitas do sujeito na forma *S é P*: "*o sujeito é hóspede*" e "*o sujeito é refém*". Duas proposições predicativas cujo sujeito permanece o sujeito. Este trajeto lógico e histórico traduz uma equivalência? Ou então, um conceito de sujeito que, desde *Totalidade e Infinito*, já subordinava a tradição ontológica a uma ética da hospitalidade, a uma análise fenomenológica do acolhimento, à altura do rosto deslocaria este trajeto, transformando-o ainda?

2. O que se torna o acolhimento, no curso deste trajeto, na atribuição do sujeito-hóspede de seu ser-refém, com todos

os conceitos que formam aqui uma cadeia (substituição do insubstituível atribuído à sua responsabilidade, *"acusativo ilimitado da perseguição"*, *"si-mesmo, refém, já substituído aos outros"*[1], *"significação do pronome* Se *do qual nossas gramáticas latinas 'ignoram' o nominativo"*[2], dívida antes do empréstimo e antes do engajamento, responsabilidade sem liberdade, traumatismo, obsessão, perseguição, irredutibilidade do sacrifício etc., dito de outra maneira, a lei do acusativo no acolhimento)?

Será que uma tal "reviravolta" – é a palavra de Lévinas, e ele descreve o movimento da ética, a relação ética – não faz aparecer a instância de um quase-momento que precederia uma instância do acolhimento? Aquela mesmo que podia até aqui parecer originária ou mesmo pré-original? Ora, qual relação estabelecer entre a hipótese desta "reviravolta" e os conceitos da eleição ou do político, tal como eles serão utilizados no curso dos mesmos anos?

Eu seria incapaz de desenvolver aqui esta segunda questão, mas eu a apoiaria, como questão que permanecerá como questão, sobre duas referências à "A Substituição", em *De Outro Modo que Ser*...)

a. A primeira nomeia uma eleição que, de maneira tão estranha quanto significativa, absolutamente excepcional, *precederia* um acolhimento que o sujeito poderia reservar ao que quer que seja, em particular ao Bem ou à bondade. A atribuição eletiva me escolhe precedendo-me e submetendo a ela minha capacidade de acolhimento. Isso seguramente não contradiz o que líamos em *Totalidade e Infinito*, onde o acolhimento acolhe para além dele-mesmo, *deve* na verdade acolher sempre mais do que ele pode acolher. Mas aqui, na atribuição da responsabilidade, a eleição do refém parece não apenas mais "originária" (na verdade, como sempre, mais originária que a origem), mais violenta, na verdade traumatizante, mais que não o deixa sentir talvez o léxico por vezes apaziguador do acolhimento e da hospitalidade do hospedeiro. Lévinas designa assim, porém é só um exemplo,

1. *Autrement qu'être*..., p. 151.
2. *Idem*, p. 143.

a diferença na não indiferença do Bem que *me elege antes que eu o acolha* [eu sublinho estas últimas palavras], isso preserva sua *eleidade* a ponto de deixá-la excluída da análise, salvo o rastro que ela deixa nas palavras ou na "*realidade objetiva*" nos pensamentos, segundo o testemunho irrecusável da terceira Meditação de Descartes. Que o eu na responsabilidade pelo outro – já si-mesmo, já obcecado pelo próximo – seja único e insubstituível, isso confirma sua eleição[3].

Ainda uma vez a "eleidade", emergência da questão, do terceiro e da justiça, designa *tanto* a interrupção do face-a--face, *quanto* a própria transcendência do rosto no face-a-face propriamente dito, a condição do *vós*, a ruptura do *eu-tu* (e pois de uma certa feminilidade, de uma certa experiência da "alteridade feminina") na proximidade do próximo. Porém este "tanto...quanto" não significa nem uma alternativa nem uma sequencialidade: os dois movimentos estão em concorrência

3. *Autrement qu'être...*, p. 158. A página precedente respondia afirmativamente a esta questão do elo entre a eleição e a responsabilidade do sujeito único, único e insubstituível, paradoxalmente, enquanto submetido à substituição. "O Bem não elegeu o sujeito por uma eleição reconhecível na responsabilidade do refém à qual o sujeito está destinado, à qual ele não poderia se subtrair sem se desmentir e pela qual ele é único?" A análise desta situação leva em conta um *atraso* absoluto que destrona a autoridade do presente ou da apresentação anamnésica, que limita a liberdade mas não a responsabilidade do sujeito moral (de Job, por exemplo, que pode ser responsável de um mal que ele "não tinha jamais querido"), e que suspende toda esta lógica do refém à incondicionalidade de um *sim* mais antigo do que a espontaneidade infantil ou pré-crítica, de um *sim* enquanto "exposição à crítica".

Descartes já se encontrava convocado a comparecer, *tomado como testemunha* ("testemunho irrecusável da terceira Meditação...") em *Totalidade e Infinito*, precisamente no momento de reinscrever o *ego cogito*: sujeito assujeitado à sua eleição, responsável de ter que responder, secundariamente, *sim*, a um primeiro *sim*, a este primeiro chamamento do qual dizíamos acima que, como todo *sim*, fosse ele o primeiro, ele já *responde*: "O eu, na negatividade manifestando-se pela dúvida, rompe a participação, mas não encontra, no *cogito* apenas, uma decisão. Não sou eu – é o Outro que pode dizer sim. Dele vem a afirmação. Ele está no começo da experiência. Descartes procura uma certeza e para desde a primeira mudança de nível desta descida vertiginosa [...] possuir a ideia do infinito já é ter acolhido o Outro". (p. 66). Ter acolhido o *sim* do outro, saudar este infinito na separação, dito de outra maneira, na sua santidade, é a experiência do *a-Deus*. O Adeus não espera a morte porém ele chama, responde e saúda na relação ao Outro na medida em que ele não *é*, na medida em que ele chama a partir do para-além do ser. A Deus para-além do ser, quando o *sim* da fé não é incompatível com um certo ateísmo ou ao menos com um *certo* pensamento da *inexistência*

antes desse "tanto...quanto". Eles não esperam, eles não se esperam. Já em *Totalidade e Infinito*, é preciso insistir, Lévinas reconhece esta "presença do terceiro" e esta questão da justiça *desde o primeiro instante*, se assim se pode dizer, do rosto, como no limiar do face-a-face: *"O terceiro me observa nos olhos do outro – a linguagem é justiça. Não que haja a princípio rosto e que em seguida o ser que ele manifesta ou expressa, se preocupe com justiça [...] A palavra profética responde essencialmente à epifania do rosto [...] epifania do rosto enquanto ele atesta a presença do terceiro"*[4].

Com o possível impossível para o qual somos assim precipitados (aporia ou abismo), esta concorrência sem alternativa poderia sobredeterminar todas as questões que nos interrogam aqui. Concorrência de um "Ele no fundo do Tu", fórmula pela qual Lévinas assinala *três instâncias* que precisamos incessantemente acolher conjuntamente – ou recolher como o mesmo, sim, o completamente outro como o mesmo, o mesmo Ele, o separado: a *eleidade do Ele* ("Ele no fundo do *Tu*"), como terceira pessoa, a *santidade* e a *separação*: Intangível,

---

de Deus (para-além do ser). Aproximemo-nos mais adiante do uso no qual Lévinas terá implicado esta palavra *a-Deus*. A experiência do *a-Deus* pode permanecer silenciosa, ela não é menos irrecusável no entanto; é nela que falamos aqui, mesmo quando falamos baixo, é para ela que retornaremos, para este pensamento infinitamente difícil ao qual Lévinas deu, na língua francesa, por meio de seu idioma e a ele destinado, uma oportunidade excepcional, uma economia rara, numa palavra ao mesmo tempo única, mais que antiga, inaugural – e substituível: seguramente, sempre traduzível por frases e desde logo exposta às bobagens do falatório fútil.

4. *Op. cit.*, p. 188. Observamos que a questão do terceiro estava não apenas presente, mas já desenvolvida em *Totalidade e Infinito*. Ficamos um pouco supresos com a concessão que parece fazer Lévinas a um de seus interlocutores. A respeito do terceiro e da justiça, ele parece conceder que *Totalidade e Infinito* não lhes consagrava ainda as análises adequadas: "...a palavra 'justiça' aplica-se muito mais à relação com o terceiro do que à relação com o outro. Porém, na realidade, a relação com o outro nunca é unicamente a relação com o outro: o terceiro está representado de imediato no outro: na própria aparição do outro o terceiro já me observa [...] Sua distinção é em todo caso justa [...] A linguagem ontológica que é empregada em *Totalidade e Infinito* não é absolutamente uma linguagem definitiva. Em *Totalidade e Infinito* a linguagem é ontológica porque ela quer sobretudo não ser psicológica". *De Dieu qui vient à l'idée*, Éd. Vrin, 1982, pp. 132-133.

o Desejável separa-se da relação do Desejo que ele evoca e, por esta separação ou santidade, permanece terceira pessoa: Ele no fundo do Tu[5].

As malhas ou os nós desta cadeia carregam toda a força de sua consequência para esse ponto de ruptura ou de tradução: a "ética", a palavra "ética" só é um equivalente aproximativo grego para o discurso hebraico sobre a santidade do separado (*kadosh*). A não confundir, sobretudo, com a sacralidade. Porém, em que língua isso ainda é possível? O acolhimento do separado, o movimento de quem se separa acolhendo, quando é preciso saudar a transcendência infinita de uma santidade separada, dizer *sim* no momento de uma separação, talvez mesmo de uma partida que não é o contrário de uma vinda : não é essa deferência que inspira o sopro de um a-Deus?

b. A segunda referência literal nos leva para o que uma tal "reviravolta" pode ainda significar: um excesso de ética sobre o político, uma "ética, *para-além* do político". Que significa então "para-além" nesta outra passagem de "A Substituição" que retoma o que observávamos pouco acima deste "paradoxo", a saber, a interrupção *de si*, a interrupção de si *na* fenomenologia *pela* própria fenomenologia que assim se surpreende e suspende ao mesmo tempo no momento de sair de si em si? A ética para-além do político, eis a reviravolta paradoxal na qual a fenomenologia encontrar-se-ia assim "jogada":

> A fenomenologia pode seguir a reviravolta da tematização em an-arquia na descrição da aproximação (trata-se da aproximação como experiência do acolhimento do outro ou do rosto como próximo): a linguagem ética chega a expressar o paradoxo em que se encontra bruscamente jogada a fenomenologia, porque *a ética, para além do político*, está no nível desta reviravolta. Partindo da aproximação, a descrição encontra o próximo portando o rastro de uma retirada que o ordena como rosto[6].

"...*o rastro de uma retirada que o ordena como rosto*...": esta retirada desarticula o próprio tempo. Se ela se produzisse

---

5. *De Dieu qui vient à l'idée*, p. 114.
6. *Autrement qu'être*..., p. 155. Eu sublinho.

apenas *no* tempo, no tempo da representação corrente, a retirada viria apenas modificar a presença do presente, o agora-presente, o passado-presente ou o presente-futuro. Mas aqui, esta retirada, este rastro do rosto desloca a ordem da presença e da representação temporais. Traduzido no léxico da hospitalidade, este traço do rosto chamar-se-ia *visitação* (*"o rosto é, por si-mesmo, visitação e transcendência"*[7]). Sem dúvida, o rastro desta visitação desarticula e *perturba* como pode ocorrer quando de uma visita inesperada, imprevista, temida, esperada para-além da espera, talvez como uma visita messiânica, mas sobretudo porque seu passado, a "passada" do hóspede ultrapassa toda representação anamnésica; ela não pertencerá jamais à memória de um presente passado:

é no rastro do Outro que brilha o rosto: o que se apresenta nele está em vias de se absolver de minha vida e me visita já como absoluto. Alguém já passou. Seu rastro não *significa* seu passado, como não *significa* seu trabalho, ou seu gozo no mundo, *é* a perturbação propriamente dita imprimindo-se (seríamos tentados de dizer *gravando*-se) com uma irrecusável gravidade.

[...] O Deus que passou não é o modelo do qual o rosto seria a imagem. Ser à imagem de Deus não significa ser o ícone de Deus, porém encontrar-se no seu rastro. O Deus revelado de nossa espiritualidade judaico-cristã conserva todo o infinito de sua ausência que está na própria "ordem" pessoal. Ele só se mostra por seu rastro, como no capítulo 33 do Êxodo[8].

Revelação, pois, como *visitação*, a partir de um lugar que seria *comum* à "*nossa espiritualidade judaico-cristã*". Denominaremos este lugar Sinai como nos convida esta referência ao capítulo 33 do Êxodo? Com estas palavras de *visita* e de *visitação*, tratar-se-ia de *traduzir* este rastro do outro no léxico da hospitalidade, como fingimos supor? Ou, não deveríamos, pelo contrário, reconduzir o fenômeno e a possibilidade da hospitalidade a esta "passada" da visitação, princípio para re-traduzi-los aí? Secundária ao menos por um instante, a hospitalidade não *seguiria* a irrupção imprevisível e irresistível de uma visitação? E esta tradução invertida não encontraria seu limite: o limite do próprio liminar, lá onde é preciso chegar, ou seja, neste lugar onde – visitação

---

7. "La trace", em *Humanisme de l'autre homme*, p. 63.
8. *Ibidem*.

passada – o rastro do outro passa, já passou o limiar, não esperando convite, hospitalidade ou acolhimento? Esta visita não responde a um convite, ela ultrapassa toda relação dialógica de hóspede a hospedeiro. Ela *deve* tê-la desde sempre ultrapassado. Sua irrupção traumatizante deve ter precedido aquilo que se chama tranquilamente hospitalidade – e mesmo as leis da hospitalidade, por mais pertubadoras e pervertíveis que elas pareçam ser.

3. Enfim, no elã desta última referência, uma outra questão, ainda, a da relação enigmática que se situa, no pensamento de Lévinas, entre uma ética e uma política da hospitalidade – ou do refém. E isto justamente nesse lugar onde aquilo que é situado pelo Sinai, ou o nome do Sinai ou o substantivo "Sinai", pertence a diversos tempos desarticulados, a diversas instâncias que nos cabe talvez pensar *conjuntamente*, sem sincronizá-los nem mesmo ordená-los segundo uma grande cronologia qualquer.

Num tempo que já é difícil tomar como *uno* e submeter à homogeneidade de um relato sem ruptura interna, seguramente, o nome (do) *Sinai* tem de significar o lugar da Torá dada, o óleo da messianidade consagrada, o cofre do testemunho, e as Tábuas do testemunho escritas pela mão de Deus; depois as Tábuas dadas por Deus após ter reconsiderado o mal com o qual ele havia ameaçado o povo de nuca dura (primeira ruptura ou interrupção); depois as Tábuas quebradas (outra interrupção); depois as tábuas esculpidas de novo após Deus ter ainda interrompido, de um certo modo, toda teofania ao interditar, na passagem de sua glória, a visão de seu rosto em face-a-face; depois o lugar da Aliança re-novada; depois o velamento e o desvelamento do rosto de Moisés. Tantas interrupções *de si*, tantas descontinuidades na história, tantas rupturas do curso ordinário do tempo, cortes, contudo, como historicidade propriamente dita da história.

Porém, hoje, Sinai é também – sempre em relação à história singular de Israel – um nome da modernidade. Sinai, o Sinai: metonímia para a fronteira entre Israel e as outras nações, um *front* e uma fronteira entre guerra e paz, uma provocação para pensar a passagem entre o ético, o messiânico, o escatológico *e* o político, num momento da história da humanidade e do Estado-Nação em que a perseguição de todos esses reféns que são o estrangeiro, o imigrante – com ou sem documentos –, o exilado, o refugiado, o sem-pátria, o sem-Estado, a pessoa ou a população deslocada (tantas noções a distinguir prudentemente) parece exposta, em todos os continentes, a uma crueldade sem precedentes. Lévinas sempre teve a atenção voltada para esta violência e para esta aflição, quer ele se referisse a isso diretamente ou não, de uma maneira ou de outra.

Permitam-me conferir aqui, agora, um certo privilégio a uma passagem que nomeia ao mesmo tempo *Sinai* e a hospitalidade. Ela pertence às leituras talmúdicas que levam o nome de *À l'heure des nations* (Na Hora das Nações) 1988. No capítulo "As Nações e a Presença de Israel", o título de um subcapítulo especifica "As Nações e o Tempo Messiânico". Depois de ter começado a comentar um salmo citado no Tratado Pessa'him 118b, depois de tê-lo abordado com este rigor e essa inventividade, com essa difícil liberdade que foi a sua, Lévinas lança uma questão. Ele a deixa aparentemente em aberto e suspensa, como se ele fingisse deixá-la pairar no ar no momento mesmo em que ele a sabe segura por tantos fios, por fios apenas visíveis mas sólidos, no decurso duma argumentação discreta porém de uma tenacidade à toda prova. A questão em questão forma à custo uma frase, é uma proposição sem verbo, o tempo de algumas palavras seguidas de um ponto de interrogação.

Não gostaria de superinterpretar esta inquietação curiosa, curiosa de interrogar e de saber, curiosa como uma especulação, curiosa de ver chegar, hipótese ao mesmo tempo tímida e provocante, talvez secretamente maliciosa e jubilatória, na discrição de sua própria elipse. Ela cabe em algumas palavras:

Um Reconhecimento da Torá Antes do Sinai?

Arrisquemos uma primeira tradução: haveria um reconhecimento da lei *antes* do evento, e pois, *fora* do evento localizável, antes do acontecimento singular, datado, situado, do dom da Torá a um povo? Haveria um tal *reconhecimento*? Teria sido possível e pensável? Antes de toda revelação? Um reconhecimento da Torá pelos povos ou pelas nações para os quais o nome, o lugar, o evento *Sinai* não significam nada? Ou nada do que eles significam para Israel ou para o que a língua de Israel nomeia? Por terceiros, em suma? Por terceiros seguindo o jogo da substituição, quando ele substitui o único pelo único?

A intriga desta intrigante questão, da qual ainda uma vez eu não gostaria de abusar, tão grave seja o que está em jogo, é bem uma prova de hospitalidade. Hospitalidade para além de toda revelação. Não se trata, para Lévinas, de colocar em questão a eleição de Israel, sua unicidade nem, sobretudo, sua exemplaridade universal, muito pelo contrário, mas de reconhecer uma mensagem universal da qual ele tem a responsabilidade antes ou independentemente do lugar e do evento do dom da lei: universalidade humana, hospitalidade humanitária desenraizada de uma singularidade do evento que se tornaria então empírico, ou ao menos alegórico, talvez apenas "político" num sentido restrito desse termo que nos será necessário esclarecer.

Porém, a lição a tirar dessa questão ou dessa especulação interpretativa, a lição desta lição seria ainda uma lição a tirar para Israel mesmo em sua ética, não ouso dizer ainda sua política messiânica da hospitalidade. Claro, em sua passagem, Israel não nomeia em primeiro lugar o Estado moderno, aquele que porta, que se deu ou que tomou o nome de Israel.

Mas, como o nome de Israel, neste texto, não nomeia em todo caso outra coisa, o espaço histórico e político desses nomes conferidos permanece aberto.

Para sermos mais precisos, reconstituamos uma parte ao menos do contexto que pediria evidentemente uma leitura mais paciente. O salmo citado descreve indubitavelmente um teatro e os ritos da hospitalidade:

> Ele lhe disse ainda uma outra coisa: "'O Egito trará nos tempos futuros um presente ao Messias. Ele pensava não dever aceitá-lo, porém o Santo, bendito seja Ele, dirá ao Messias: 'Aceite-o deles; [afinal], eles *hospedaram* [sublinho naturalmente esta palavra] nossos filhos no Egito'. Logo 'grandes personagens chegarão do Egito'". Fim da citação do Salmo (68, 32)[9].

9. *À l'heure des nations*, Éd. de Minuit, 1988, p. 112.

Estas últimas palavras ("*grandes personagens chegarão do Egito*") fazem irresistivelmente pensar na maneira pela qual Lévinas saudava, alguns anos antes, "*a grandeza e a importância de Sadat*", "*o evento excepcional*" que foi sua viagem a Jerusalém, evento "*trans-histórico*", acrescentava então, viagem "*que não se faz e da qual não se é contemporâneo duas vezes numa vida*"[10].

Ora, depois de ter citado este fragmento, Lévinas orienta sua interpretação para a equivalência de *três conceitos – fraternidade, humanidade, hospitalidade –* que determinam uma experiência da Torá e dos tempos messiânicos *antes* mesmo ou fora do Sinai – e mesmo para aquele que não teria pretensões "*ao título de portador ou mensageiro da Torá*".

O que se anuncia aqui é talvez uma messianicidade que se diria estrutural ou *a priori*. Não uma messianicidade a-histórica porém própria a uma historicidade sem encarnação particular e empiricamente determinável. Sem revelação ou sem datação de uma revelação dada. A hipótese que arrisco assim, não é, evidentemente, a de Lévinas, ao menos sob esta forma, porém ela procura avançar em sua direção – talvez para cruzar com ele ainda. "No coração de um quiasma", como ele disse certa vez.

Os três conceitos seriam pois:

1. O de *fraternidade* (que ocupa toda a sequência desta leitura talmúdica e na verdade, de maneira explícita, o centro de toda a obra de Lévinas; eu tentei exprimir, em outro trabalho[11], minha inquietude quanto à prevalência de

---

10. *L'au-delà du verset*, p. 226.
11. De maneira geral, mas em particular quanto ao pensamento Lévinassiano da fraternidade. Cf. *Politiques de l'amitié*, Éd. Galilée, 1994, p. 338. Lévinas encontra aqui, entre tantos outros, o Kant da *Doutrina da Virtude* e da *Doutrina Elementar da Ética*, lá onde tento analisá-lo longamente (*idem*, pp. 283-294) e sugiro que a "determinação da amizade como fraternidade nos diz então alguma coisa de essencial quanto à ética".

Kant: "Representa-se aqui todos os homens como irmãos submetidos a um pai universal que quer a felicidade de todos".

Lévinas: "O estatuto propriamente dito do humano implica a fraternidade e a ideia do gênero humano [...]. Ela implica por outro lado, a comunidade de pai, como se a comunidade do gênero não aproximasse suficientemente" (*Totalité et Infini*, p. 189).

uma certa figura da fraternidade, precisamente numa certa relação à feminilidade; não me deterei nisso aqui, esse não é meu objetivo);

2. O de *humanidade*, precisamente como *fraternidade* (fraternidade do próximo, implicação fundamental e onipresente, motivo cuja origem ao mesmo tempo grega e bíblica parece indelével, equivalência que se encontra também, entre outros, em Kant num horizonte mais cristão do que judaico);

3. O da *hospitalidade*, de uma hospitalidade que toma um valor bem mais radical do que no Kant de *Para a Paz Eterna* e do direito cosmopolítico à hospitalidade universal – cosmo-*política,* quer dizer apenas política e jurídica, estatal e civil (sempre regulada pela cidadania).

Para seguir o destino desta fraternidade para além da família até a ordem da justiça e do político, é preciso então levar em conta o que Lévinas evoca, como nessa passagem, da não coincidência com a unicidade e pois consigo; é a irrupção da igualdade e, pois, já do terceiro: "é minha responsabilidade diante de um rosto me observando como absolutamente estrangeiro – e a epifania do rosto coincide com estes dois momentos – que constitui o fato original da fraternidade. A paternidade não é uma causalidade: porém a instauração de uma unicidade com a qual a unicidade do pai coincide e não coincide. A não coincidência consiste concretamente, na minha posição como irmão, e implica outras unicidades ao meu lado, de maneira que minha unicidade de mim resume ao mesmo tempo a suficiência do ser e minha condição de ser uma parte, minha posição face ao outro como rosto. Neste acolhimento do rosto [...] instaura-se a igualdade [...]. Não se pode destacá-la do acolhimento do rosto do qual ela é um momento" (*Ibidem*).

Seria preciso seguir também, muito mais adiante, o desenvolvimento desta análise na "La transcendance et la fécondité" e sobretudo na "Filialité et fraternité". A filialidade é aí determinada antes de mais nada, talvez mesmo unicamente como "relação pai-filho". Ela inscreve ainda a igualdade na eleição: "Cada filho do pai é filho único, filho eleito"... "criança *única*". E em virtude desta "estranha conjuntura da família", "a fraternidade é a relação propriamente dita com o rosto onde se realiza ao mesmo tempo minha eleição e a igualdade". É em seguida a dedução do "terceiro" e do "nós" sociopolítico "que engloba a estrutura da família propriamente dita" (pp. 255-257). Cf. também *Autrement qu'être...*, pp. 179, 194 *et passim*. "...a estrutura do um-pelo-outro inscrita na fraternidade humana – no *um--guardião-de-seu-irmão* – no *um-responsável-do-outro*", eis o que teria ficado "ininteligível para Platão e devia conduzi-lo a cometer um parricídio contra seu pai Parmênides". "A unidade do gênero humano é justamente *posterior à fraternidade*". (*Idem*, p. 211).

Porém esse terceiro conceito, *a hospitalidade, o asilo, o albergue* (três palavras que aparecem na mesma página para exprimir a hospedagem na habitação aberta), o que Lévinas chama ainda "o lugar oferecido ao estrangeiro", é além do mais o esquema figural que reúne ou aproxima estes três conceitos entre si, *fraternidade, humanidade, hospitalidade*: acolhimento do outro ou do rosto como próximo e como estrangeiro, como próximo *enquanto* estrangeiro, homem e irmão. O comentário que segue a citação do Tratado consolida a cadeia destes três conceitos segundo o esquema da hospitalidade trans-nacional ou universal (não digamos *cosmopolítica*):

> O segundo ensinamento do rabi Yossé transmitido ao seu filho, rabi Yichmael, e comunicado por este a Rabbi e proclamado por rab Kahana: as nações devem participar da idade messiânica! [Ponto de exclamação de Lévinas: seria preciso dedicar um estudo aos pontos de exclamação de Lévinas, a seu sentido, à gramática, à retórica, à ética, à pragmática dessa pontuação no dirigir-se ao coração de um texto filosófico. Como ao termo "maravilha" que precede frequentemente o ponto de exclamação.] Reconhecimento do valor último da mensagem humana que traz o judaísmo, reconhecimento atestado ou indicado pelos versículos do Salmo 117. A história das nações já não foi de alguma maneira essa glorificação do Eterno em Israel, uma participação na história de Israel que se mede por uma abertura de sua solidariedade nacional ao outro homem, ao estrangeiro? Um reconhecimento da Torá antes do Sinai? Todo o exame desse problema refere-se sem citá-lo, ao versículo de *Deuteronômio* 23, 8: "Não tenha horror do edomita, porque ele é teu irmão; não tenha horror do egípcio, porque você habitou em seu país". Fraternidade – porém que significa ela? Não é ela segundo a Bíblia, sinônimo de humanidade? – e hospitalidade: não são elas mais fortes do que o horror de um homem pelo outro que o nega em sua alteridade, já não evocam elas uma recordação da "palavra de Deus"?[12]

O que parece claramente sugerido por estas últimas palavras, "*já uma recordação da 'palavra de Deus'*", é uma recordação antes da memória, a memória de uma palavra que terá tido lugar antes mesmo de ter tido lugar, de um evento passado mais velho do que o passado e mais antigo do que toda memória ordenada à sequência empírica dos presentes, mais velha do que o Sinai, a menos que essa anacronia ale-

---

12. *À l'heure des nations*, pp. 112-113.

górica no próprio nome *Sinai* não o faça significar, através do seu próprio corpo, um corpo estrangeiro, talvez mesmo o corpo do estrangeiro. Este designaria precisamente a experiência *do* estrangeiro, lá onde a verdade do universo messiânico indubitavelmente ultrapassa o lugar e o momento determinados, mas também excede a identidade, sobretudo a identidade nacional do portador ou do mensageiro da Torá, da Torá revelada.

É o que parece dar a pensar a sequência do comentário:

> O Talmud não vai recorrer à enumeração de todas as nações – nem mesmo de todas aquelas que aparecem na Escritura – para decidir sobre sua associação possível ao universo messiânico. As três nações ou Estados ou Sociedades evocadas: Egito, Kush e Roma, representam uma tipologia da vida nacional onde, através das formas de existência que são pura história, transparece o inumano ou o humano.

Para explicitar esta terrível alternativa do inumano ou do humano, alternativa que já supõe o rosto e a paz, e pois a hospitalidade, Lévinas denuncia a pretensão de ser o mensageiro histórico ou o intérprete privilegiado, ou mesmo único, da Torá: "Alergia ou aptidão em relação à verdade sem pretender o título de portador ou de mensageiro da Torá."

O "sem" desta proposição ("sem *pretender o título de portador ou de mensageiro da Torá*") detém um grande potencial *analítico*. A análise parece desvincular ou tirar a lei fora do evento de sua mensagem, do aqui-agora de sua revelação denominada *Sinai*; e o desvinculamento deste "sem" parece pertencer à experiência evocada há pouco, a de uma Torá *antes* do Sinai, de um "*reconhecimento da Torá antes do Sinai*", e senão de um reconhecimento sem eleição (porque o motivo da eleição é onipresente na obra de análise da responsabilidade ética em Lévinas), ao menos de uma eleição cuja atribuição não se deixa deter nem em tal lugar em tal momento, nem talvez, portanto a tal povo ou tal nação – mas por definição, não poderíamos nunca estar seguros. Não esqueçamos nunca, a eleição é inseparável do que parece sempre contestá-la: a substituição.

Irrecusável necessidade, força irresistível, a força vulnerável, todavia, de uma certa fraqueza: este *pensamento da* substituição leva-nos a uma lógica a custo pensável, quase indizível, a do possível-impossível, a iterabilidade e a substitutibilidade do único na experiência propriamente dita da unicidade como tal[13].

---

13. O discurso da substituição é lembrado, primeiramente, a partir do fundo de uma história abissal. Falávamos há pouco, citando Lévinas, de uma "espiritualidade judaico-cristã". Será preciso um dia, sobretudo para lembrar e escutar o Islã, interrogar-se pacientemente sobre muitas afinidades, analogias, sinonímias, homonímias, respondam elas aos cruzamentos do encontro, por vezes a despeito dos autores, ou às necessidades mais profundas, ainda que desconcertantes ou desviadas. O exemplo mais urgente (e sem dúvida menos evidente) é na França aquele de um outro pensamento da substiuição que, sob esta denominação, atravessa toda a obra e toda a aventura de Louis Massignon. Herdado de Huysmans – que aliás Lévinas evoca bem cedo, desde *De l'existence…*, "entre 1940 e 1945" – e através da tradição de uma certa mística cristã (Bloy, Foucauld, Claudel, autor de "*L'otage*" à qual Massignon permanece fiel, a palavra-conceito "substituição" inspira a este último todo um pensamento da "hospitalidade sagrada", uma referência fundadora à hospitalidade de Abrahão – ou Ibrahim, e a instituição, em 1934, da *Badalyia* – palavra que pertence ao léxico árabe "substituição": "essas almas às quais queremos nos substituir *fil badalyia*, pagando seu resgate em seu lugar e às nossas expensas, é suplementar…", dizem os Estatutos da *Badalyia* que inscrevem também, em negrito, a palavra "refém": "oferecemos e engajamos nossas vidas, desde já, *como reféns*" Louis Massignon, *L'hospitalité sacrée,* Nouvelle Cité, Paris, 1987, pp. 373-374. *Refém* está escrito também em negrito, reaparecendo então na primeira pessoa ("eu me constitui *refém*") na confidência de uma carta de 1947, p. 241. Cf. também pp. 171-173, 262-263, 281 ("substituição fraternal"), pp. 300-301 *et passim*. A utilização da palavra "perseguição" está em consonância assim, até um certo ponto (mas qual?), com a de Lévinas (cf. p. 305 por exemplo) porém num "*front* de oração islamo-cristã". Cf. também "Le linceul de feu d'Abraham", em *Parole donnée*, Seuil, 1983.

IV

Através de alusões discretas mas transparentes, Lévinas dirigia então nosso olhar para o que se passa hoje, tanto em Israel quanto na Europa e na França, e na África, e na América, e na Ásia, ao menos desde a I Guerra Mundial e a partir do que Hannah Arendt denominou *"O declínio do Estado-Nação"* onipresente onde os refugiados de toda espécie, imigrados com ou sem cidadania, exilados ou deslocados, com ou sem documentos, do coração da Europa nazista à ex-Iuguslávia, do Oriente Médio a Ruanda, do Zaire à Califórnia, da igreja São Bernardo ao bairro XIII, de Paris, cambojanos, armênias, palestinos, argelinos e tantos e tantos outros pedem ao espaço sócio e geopolítico uma mutação – mutação jurídico-política mas sobretudo, se este limite guarda ainda sua pertinência, conversão ética.

Emmanuel Lévinas fala disso, falava disso há muito tempo, dessa aflição e deste apelo. Eis que se realiza ainda o milagre daquilo que permaneceu em nós e que nos permite hoje ler Lévinas e ouvir sua voz ressoar significantemente em nós. É agravado, poder-se-ia dizer, pelos crimes contra a hospitalidade que sofrem os hóspedes e os reféns de nosso tempo, dia após dia, encarcerados ou expulsos, de campo de concentração em campo de retenção, de fronteira em fronteira, perto ou longe de nós. (Sim, os crimes contra a *hospitalidade*, a distinguir do "delito de hospitalidade", hoje reatualizado sob essa denominação pelo direito francês, no espírito dos decretos e diretrizes de 1938 e 1945, para sancionar, incluindo pena de prisão, qualquer um que albergue um estrangeiro em situação ilegal).

Lévinas nos fala assim do dom do albergue, do abrigo, do asilo: "*Deus obrigou-o a aceitar o dom, lembrando o asilo oferecido pelo país do Egito a Israel. Asilo que se tornará lugar de escravidão, porém antes de mais nada, um lugar oferecido ao estrangeiro. Já um canto de glória ao Deus de Is-rael!*"[1]. A hospitalidade oferecida indicaria por si-mesma uma pertinência à ordem messiânica.

E do mesmo modo que recordava uma lembrança do imemorial, Lévinas denuncia também, de passagem, um certo esquecimento da lei. É ainda o momento do acolhimento, *acolhimento* é a palavra para a decisão divina:

> Decisão do Eterno acolhendo a homenagem do Egito (O Eterno é hospedeiro [*host*] acolhendo o hóspede [*guest*] que lhe traz sua homenagem numa cena clássica de hospitalidade.). A Bíblia permite prevê-la no *Deuteronômio* 23, 8, versículo que o próprio Messias, apesar de sua justiça, deve ter esquecido. Pertence-se à ordem messiânica, quando se pôde admitir o outro entre os seus. Que um povo aceite aqueles que vêm instalar-se no seu seio, por mais estranhos que sejam, com seus costumes e seus hábitos, com seu falar e seus odores, que ele lhe dê uma *akhsania* como um lugar de albergue e de que respirar e viver – é um canto à glória do Deus de Israel[2].

Que um povo, enquanto povo, "*aceite aqueles que vêm instalar-se em seu seio, por mais estranhos que sejam*", eis a aposta de um engajamento popular e público, uma *res publica* política que não se reduz a uma "*tolerância*", a menos que esta tolerância não exija de si-mesma a afirmação de um "amor" sem medida. Lévinas precisa, imediatamente,

1. *À l'heure des nations*, p. 113.
2. *Idem*, pp. 113-114.

que esse dever de hospitalidade não é apenas essencial a um *"pensamento judaico"* das relações entre Israel e as nações. Ele abre o acesso à humanidade do humano em geral. Terrível lógica da eleição e da exemplaridade entre a atribuição de uma responsabilidade singular e a universalidade humana, hoje se diria até *humanitária*, uma vez que ela tentaria ao menos, através de tantas dificuldades e equívocos, apresentar-se, por exemplo, como organização não governamental para além dos Estados-Nações e suas políticas.

A sequência da mesma passagem poderia hoje ser ilustrada, se este termo não fosse indecente, por todos os exemplos do mundo. Porque a questão das fronteiras, quanto a estes exemplos, é sem dúvida a de Israel, mas ela ultrapassa ao mesmo tempo a linha das fronteiras daquilo que chamamos ou que se chama Israel, no sentido bíblico e no sentido do Estado moderno: "Abrigar o outro homem em sua casa, tolerar a presença dos sem-terra e dos sem-domicílio sobre um "solo ancestral" tão ciumentamente – tão maldosamente – amado, é o critério do humano? Sem resposta."[3]

Esse texto data dos anos de 1980. Seria preciso circundar sua leitura com tantas outras que se acumulam também ao redor da questão do Estado e da Nação, a começar por aquela ao qual fazíamos alusão há pouco e que saúda a *"grandeza e a importância"* (*"trans-histórica"*) de Sadat. Seria preciso também voltar às longínquas premissas deste discurso em *Totalidade e Infinito* e em *De Outro Modo que Ser*.... Lembremos ao menos esta indicação em algumas palavras: as "leituras e os discursos talmúdicos" reunidos em 1982 no fim de *L'au-delà du verset* (O Para-além do Versículo), sob o título no plural "Sionismos" e "O Estado de César e o Estado de David", 1971, depois "Política Após!", 1979, multiplicam as proposições de forma, digo bem, de forma, deliberadamente contraditória, aporética, ou até mesmo dialética, no sentido da dialética transcendental: proposições ao mesmo tempo intrapolíticas e trans-políticas, *a favor e contra o "princípio estatal"*, contra

---

3. *Idem*, p. 114.

o que *Totalidade e Infinito* já denominava a *"tirania do Estado"* (segundo um movimento anti-hegeliano no estilo, ao menos, de Rosenzweig), contra o Estado de César que *"apesar de sua participação na essência pura do Estado, é também o lugar da corrupção por excelência e, talvez, o último refúgio da idolatria"*[4]; contra o Estado, e no entanto, deixando, ao que Lévinas denomina o *"para além do Estado"* ou o *"ultrapassamento do Estado"*, uma abertura para uma *"realização do Estado de David"* em Estado messiânico, um ultrapassamento do Estado para um *"mundo que vem"*[5]. *Ultrapassamento* de um Estado (o de César), *realização* de um outro (o de David) que, podem ambos parecer utópicos ou prematuros, Lévinas o reconhece, mas que mostram a abertura propriamente dita do político para seu futuro, se é que ele tem um. (Se tomássemos por regra falar de "política" desde que a palavra Estado aparece, tradução mais ou menos rigorosa de *Polis*, deveríamos nos perguntar se esta regra aplica-se na expressão "Estado de David", ou se a alternativa entre Estado de César e Estado de David é uma alternativa entre uma política e um para-além do político, ou uma alternativa entre duas políticas ou enfim *uma* alternativa dentre *outras* alternativas, lá onde não se excluiria a hipótese de um Estado que não seria nem de César, nem de David, nem Roma, nem Israel, nem Atenas. Fechemos este parêntese, mas não sem insistir sobre o fato de que Lévinas não hesita em falar de "política messiânica", por oposição ao que compreendemos por político na tradição, digamos grega ou pós-helênica que domina a politologia ocidental. Quando ele diz "para-além da política", "política" tem sempre o sentido desta política do Estado não messiânico. Transgredida, na direção do seu para-além, por aquilo que permanece uma política ainda, mas uma política messiânica. É verdade que então a linha fronteiriça, a identidade semântica de todos esses termos é abalada, e esse é o efeito mais incontestável desta escritura, o elã propriamente dito deste pensamento. *"A Cidade messiânica*, diz Lévinas, *não está para além do*

---

4. *L'au-delà du verset*, p. 216.
5. *Idem*, p. 219.

político" e ele acrescenta "*a Cidade, simplesmente, não está nunca aquém do religioso*"[6].)

Sobre este pano de fundo, Lévinas avança então uma hipótese, que podemos julgar audaciosa por vários motivos: por uma parte, a distinção entre a Cidade terrestre e a Cidade de Deus, entre a ordem política e a ordem espiritual, não teria no judaísmo pré ou pós-cristão, um "*caráter definido*" que ela tem no cristianismo; de outra parte, é paradoxalmente em razão do que Lévinas não hesita chamar, desde então, por causa desta impermeabilidade, o "*indiferentismo político*" do cristianismo, que este ter-se-ia tornado "*tão frequentemente religião de Estado*"[7]. O indiferentismo político atrairia o gosto do poder pelo poder, não importa qual, a todo custo. Daria boa consciência ao autoritarismo e ao dogmatismo incontrolados da Igreja quando ela pode dominar o Estado. Tese ou hipótese sedutora, talvez profunda, até mesmo fecunda, mas também um pouco confiante, se posso dizer, e rapidamente assegurado, não apenas quanto à ligação entre o indiferentismo político e religião de Estado mas sobretudo quanto à ausência suposta de religião de Estado fora do espaço cristão: em terra islâmica (Lévinas não fala nada a respeito) mas também em terra de Israel, se bem que a expressão "religião de Estado" seja aí de manejo delicado, bastante fugidio em todo caso para que não seja fácil nem afirmar nem negar literalmente (como Lévinas é tentado de fazer aqui ou ali[8]) a existência de uma religião de Estado em Israel.

A forma deliberadamente aporética, paradoxal ou indizível dos enunciados sobre o político encontrará mais tarde um de seus títulos nessa Lição de 5 de dezembro de 1988, recolhido este ano, após a morte de Emmanuel Lévinas, nas *Nouvelles lectures talmudiques* (Novas Leituras Talmúdicas). Neste título, o político parece desafiar uma simplicidade

---

6. *L'Au-delà du verset*, p. 215.
7. *Idem*, p. 209.
8. Por exemplo, em "Séparation des biens", em *L'Herne*, p. 465, Lévinas avança um argumento legítimo e legal, sem dúvida – o Estado de Israel "conta cidadãos de todas as confissões. Seu partido religioso não é nem partido único, nem o mais influente" – mas que dificilmente satisfará aqueles que duvidam da "laicidade" desse Estado.

topológica: é "Para Além do Estado no Estado". *Para além no*: transcendência na imanência, *para além* do político, mas *no* político. Inclusão aberta para a transcendência que ela porta, incorporação de uma porta que porta e abre para além dos muros ou das muralhas que a enquadram. Correndo o risco de implodir a identidade do lugar tanto quanto a estabilidade do conceito. Esta lição atribui, à transcendência inclusa, o espaço de uma "*política messiânica*", de uma "ordem política aceitável que só pode vir ao humano a partir da Torá, de sua justiça, de seus juízes e de seus mestres sábios"[9].

Tínhamos acabado de estudar a leitura midráshica em que se permite isolar as seis primeiras palavras de um versículo: "*Eis a Torá: o homem que morre*"[10] (devemos voltar a falar da morte, momento do "sem resposta", e da Torá enfim, cuja hospitalidade protegeria ainda o morto da morte). Tínhamos acabado de definir também o "*Estado democrático*", único Estado aberto à perfectibilidade, como a única "exceção à regra tirânica do poder político"[11]. De passagem, tratou-se da questão do que acontece, sim, do que acontece e de quem chega, quando Alexandre chega numa cidade de mulheres, apenas de mulheres, que o desarmam por suas questões. Alexandre termina por concluir (ensinamento a meditar quando nos interessamos por uma política que contaria com a voz das mulheres, na casa e fora da casa): "Eu, Alexandre da Macedônia, era um louco antes de chegar neste país de mulheres na África e de ter recebido seus conselhos."[12]

No *Para-além do Versículo*, um subcapítulo do "O Estado de César e o Estado de David" (Para uma Política Monoteísta) segue aquele que se intitula "Para além do Estado", que seguia ele próprio aquele que tinha por título "Sim ao Estado". Ora, temos de tomar com o máximo de seriedade, interpretando-as tão rigorosamente quanto possível, as modalidades discursivas que multiplicam os pontos de interrogação, as condicionais, as cláusulas que se poderia dizer epocais. Estas precauções

9. "Au-delà de l'État dans l'État", em *Nouvelles lectures talmudiques*, Éd. du Minuit, 1996, p. 63.
10. *Idem*, p. 62.
11. *Iidem*, p. 64.
12. *Idem*, p. 48.

são menos prudências retóricas, ou mesmo políticas, do que maneiras de respeitar ou de saudar o que ainda deve vir – um futuro do qual não se sabe nada. O que vem não pertencerá jamais à ordem do saber ou do pré-saber.

Por exemplo, em conclusão de "Para uma Política Monoteísta", esta reserva epocal expressa-se nas palavras que vou sublinhar ("*o engajamento*", "*mas*"): "...Israel tornara-se incapaz de pensar uma política que concluiria completamente sua mensagem monoteísta. *O engajamento, doravante, está tomado. Desde 1948. Mas tudo está apenas começando*".

Existe uma data: "desde 1948". Ela lembra um evento, a fundação de um Estado que *se engaja* a não ser *apenas*, o que ele é também, de fato e de direito, um Estado como os outros. E bem, não aprovando nem desaprovando o *fato* jurídico, Lévinas só vê um "engajamento" na fundação do Estado moderno de Israel, consagrado em direito por uma maioria da comunidade internacional dos Estados. Um engajamento imenso *mas* apenas um engajamento. E como esta história política, diz ele, "*está apenas começando*", a traição do engajamento permanece sempre possível, e o perjúrio, para aquele que pode-se tornar um Estado como os outros, até mesmo por vezes e em alguns aspectos, diriam alguns, pior do que muitos outros, do que alguns outros. Tudo permanece em suspenso, todos os enunciados são vigiados, vamos escutar, através da prudente vigilância de um condicional. O engajamento deveria dirigir-se "para além", "para além" é o termo de Lévinas, para além do político, para além de um problema ou de uma solução estritamente "política" na circunscrição do nacional ou do familiar:

> O *engajamento* daí em diante está tomado. Desde 1948. *Mas* tudo só está começando. Israel não está menos isolado para acabar sua tarefa inédita do que esteve Abrahão, há quatro mil anos, que a começava [esse comentário acessório sobre o isolamento de Israel pode ser discutido, ele é a meu ver discutível, mas como ele não é estritamente essencial nem necessário à estrutura argumentativa que me importa aqui, deixarei a coisa em suspenso]. Mas, assim, esse retorno sobre a terra dos ancestrais, *para além* da solução de um problema particular, nacional ou familiar, marcaria um dos maiores eventos da história interior e da História em geral[13].

13. *L'Au-delà du verset*, p. 220. Eu sublinho.

São as últimas palavras deste texto, "O Estado de César e o Estado de David". Estas palavras afirmam, seguramente, um *engajamento* incondicional, porém como descrição do evento político, a interpretação de seu futuro permanece marcado pelo condicional. (Voltaremos a isso também, para concluir, sobre o comentário paralelo que permitiu-me dissociar, por minha vez, um comentário acessório de Lévinas, destacando-o assim da estrutura argumentativa que tentamos seguir e privilegiamos aqui.)

V

"Política Depois!": sob este título uma interpretação tão prudente do sionismo esforça-se por distinguir, com ou sem razão, entre duas grandes fases. Porém trata-se de fases? Trata-se de uma sequência histórica? Ou, pelo contrário, de dois mundos? De duas figuras concorrentes e irreconciliáveis? De dois sionismos que disputam, para sempre, o mesmo tempo?

Lévinas privilegia claramente a diacronia: haveria antes um sionismo realista, mais *político*, e talvez *"inadequado para o ideal profético"*. Talvez, mais propenso ao nacionalismo corrente, este sionismo político explicaria, na Europa pré-hitleriana e por vezes ainda hoje em dia, as reticências de certos judeus que se referem a uma *"finalidade universalista"*[1]. Um segundo sionismo abrir-se-ia mais à visão escatológica da história santa ou então, e por isso mesmo, política para além

---

1. *L'Au-delà du verset*, p. 225.

da política, àquilo que Lévinas denomina uma "*invenção política*"[2].

Que se concorde ou não com algumas dessas análises quanto à situação real do Estado de Israel, em sua visibilidade política (e devo em nome da verdade dizer que não o faço sempre), poder-se-ia reconhecer aí uma preocupação incontestável: *de uma parte*, interpretar o *engajamento* sionista, a promessa, a fé jurada e não o *fato* sionista, como um movimento que leva o político *para além* do político, e assim se encontra entre o político e o seu outro, *de outra parte*, pensar uma paz que não seja puramente política.

Porém, supondo-se que estas duas últimas distinções sejam praticáveis e tenham sentido (*concesso non dato*), nos dois casos o para além do político, para além do *puramente* político não indica o não político. Ele anuncia uma outra política, a política messiânica, aquela do Estado de David distinto do Estado de César, quer dizer, da tradição clássica e hegemônica do Estado, naquilo que é preciso tentar identificar, com todas as precauções que se impõem, como *nossa* politologia, o discurso da filosofia de ascendência greco--romana sobre o político, a Cidade, o Estado, a guerra e a paz. Supondo-se bem entendido que, a menos de identificar a ela mesma uma tal coisa, a politologia ocidental – o que devemos nos cuidar para não fazer, e sobretudo nos termos da figura mais imperial do que democrática do Estado de César –, que seja possível contudo reconhecer aí uma tendência dominante, mais próxima de César do que de David e para a qual a democracia seria imperialista por vocação. Tantas hipóteses, a questão permanecendo aberta de saber o que se entende sob a palavra "política", e se as fronteiras deste conceito resistem hoje em dia à análise. Não podemos abordar frontalmente aqui esta questão. Teríamos a necessidade de um fio condutor ou de um meio de verificação no contexto que nos ocupa. A ideia da paz, por exemplo, em sua afinidade evidente e incessantemente reafirmada com a hospitalidade. A paz é uma coisa política? Em que sentido? Em quais condições? Como ler a sugestão de Lévinas, "sugestão" é sua

2. *L'Au-delà du verset*, p. 227.

palavra, "*a sugestão que a paz é um conceito que ultrapassa o pensamento puramente político*"?[3]

Lévinas arrisca então uma "sugestão", apenas uma sugestão, de maneira ao mesmo tempo confiante e inquieta. Ele não afirma que a paz *é* um *conceito não político*, ele sugere que este conceito *excede talvez* o político.

O que é que se subentende disso? Uma partilha ou uma partição difícil: sem estar em paz consigo mesmo, em suma, um tal conceito de paz, guarda *uma parte* política, ele *participa* do político mesmo se uma outra parte nele ultrapassa um certo conceito do político. O conceito excede a si mesmo, ele se ultrapassa, é o mesmo que dizer que ele se interrompe ou se desconstrói para formar assim uma espécie de enclave para-dentro e para-fora de si-mesmo: "*para-além no*", ainda uma vez, interiorização política da transcendência ética ou messiânica. (E assinalemos de passagem, cada vez que se produz esta interrupção de si [seguimos alguns exemplos há um bom momento], cada vez que se produz esta delimitação de si que corresponde também a excesso ou transcendência de si, cada vez que este enclave topológico afeta um conceito, um processo de desconstrução está em curso, que não é mais um processo teleológico nem mesmo um simples evento no curso da história). Como se a palavra "sugestão" não fosse suficiente ainda para assinalar uma vigilante circunspecção, Lévinas precisa efetivamente que, por uma parte, "a paz é um conceito que ultrapassa" não o político, "mas o pensamento *puramente* político". Esta insistência carrega tudo, é preciso, pois, insistir sobre a pureza.

Eis então um "conceito", a paz, cujo pensamento ultrapassaria o pensamento na medida em que este preferiria permanecer *puramente* político. "Um pensamento *puramente* político" ser-lhe-ia aqui inadequado. Para pensar esse conceito de paz, não seria necessário deixar a ordem do político, mas sim a ordem do que Lévinas chama o "puramente político". Para saber o que é o político, seria preferível saber o que é o "puramente político". Ficção da qual Lévinas, aliás, exclui – noutro lugar – que ela assuma um corpo, um corpo real, pois,

3. *L'Au-delà du verset*, p. 228.

nós o escutamos, "*a Cidade em geral não está jamais aquém do religioso*". Dessa paz não puramente política, ele fala, aliás num contexto em que se trata da questão de inventar o político, de uma "invenção política", mais precisamente ainda de "*criar sobre sua terra* (a terra do Estado de Israel) *as condições concretas da invenção política*"[4].

Esta "*invenção política*" em Israel alguma vez ocorreu? Em Israel? Este talvez não seja o lugar para se colocar esta questão nem sobretudo para respondê-la – o tempo, mais do que o tempo, nos faltaria, aliás para todas as análises necessárias – mas temos o direito de calar aqui a angústia de uma tal interrogação, diante dessas palavras de Lévinas, e no espírito que as inspira? Um tal silêncio seria digno das responsabilidades que nos são atribuídas? E antes de mais nada, diante do próprio Emmanuel Lévinas? Sou daqueles que esperam esta "invenção política" em Israel, daqueles que a chamam na esperança, e hoje mais do que nunca com um desespero que acontecimentos recentes, para falar apenas deles, não vêm atenuar (por exemplo, mas são apenas os exemplos de ontem e de hoje, a retomada das "implantações" coloniais ou uma decisão da Corte Suprema autorizando a tortura e, de uma maneira geral, todas as iniciativas que suspendem, desviam ou interrompem o que se continua a chamar, maneira de falar, o "processo de paz").

Em todo caso, mesmo se ela pode permanecer, no fundo enigmática, a sugestão de Lévinas indica uma paz que não é *nem* puramente política, no sentido tradicional do termo, *nem* simplesmente apolítica. Ela pertence a um contexto em que a reafirmação da ética, a subjetividade do hóspede como subjetividade do refém desencadeia a passagem do político em direção ao para-além do político ou para o "já não político". Onde estão as fronteiras entre o "já" e o "ainda não"? Entre a política e o não político? Algumas páginas acima, líamos efetivamente:

A afirmação de si é de pronto responsabilidade por todos. *Político e já não político*. Epopeia e Paixão. Energia feroz e extrema vulnerabilidade.

4. *L'Au-delà du verset*, p. 227.

O sionismo, após o realismo de suas formulações políticas iniciais, revela-se enfim, tanto quanto o judaísmo substancial, como uma grande ambição do Espírito[5].

O que quer dizer "já" na expressão "*e já não político*"? Como este "*e já não*" pode morder o que é ainda, ou seja "*político*"? Ou bem se deixar sempre marcar pelo que ele já não é mais, "*político*", e que o marca ainda? O que quer dizer "político" quando nos referimos ao político a propósito de uma paz cujo "*conceito ultrapassa o pensamento puramente político*"?

Essas palavras pertencem ao texto intitulado "Política Depois!" publicado em 1979 no *Tempos Modernos* e retomado em 1982 em *Para-além do Versículo*. Seguido de um ponto de exclamação, o título "Política Depois!" parece claro: que a política venha depois, em segundo lugar! A injunção primordial ou final, a extrema urgência, em princípio, não seria política, puramente política. A política ou o político deveriam seguir, vir "depois", é preciso subordiná-los, consequência lógica ou sequência cronológica, a uma injunção que transcende a ordem política. Para o que é de ordem política, veremos depois, isso virá depois, a política seguirá, como a intendência: "Política Depois!".

Estamos no rastro da viagem de Sadat a Jerusalém, audácia quase messiânica, saudada como este "*evento excepcional – trans-histórico – que não se faz e do qual não se é contemporâneo duas vezes numa vida [...]. O completamente impossível que se torna possível*"[6].

Seríamos tentados a transpor ou a inverter as coisas hoje em dia. Esta expressão, "*Completamente impossível que se torna possível*", não ressoa aqui como um eco fortuito a esta "*possibilidade do impossível*" da qual fala "A Substituição" a respeito de uma passividade absoluta, que não é a da morte (no sentido heideggeriano da possibilidade do impossível) porém a da condição do refém, do "*eu sou refém*" e da "*responsabilidade infinita*" que me obriga em relação ao próximo

---

5. *L'Au-delà du verset*, p. 224. Eu sublinho.
6. *L'Au-delà du verset*, pp. 226-227.

como terceiro, "*passividade que não é apenas a possibilidade da morte no ser, a possibilidade da impossibilidade; mas impossibilidade anterior a esta possibilidade, impossibilidade de se escapar...*". Nossa responsabilidade, em suma, antes da morte, diante da morte, diante dos mortos, para-além da morte. Eis agora o impossível tornado possível. A partir da vinda de Sadat a Jerusalém. Não compreendeu Sadat efetivamente:

as chances que abre a amizade com Israel – ou já seu simples reconhecimento, o simples fato de lhe falar – e tudo o que se dissimula de promessas proféticas por trás da invocação sionista dos direitos históricos e suas contorções sob a canga do político? Todas as injustiças – reparáveis.

E Lévinas prossegue:

O completamente impossível que se torna possível. O que os espíritos menos elevados dentre os inimigos de Sadat no Oriente Próximo ou seus amigos no nosso orgulhoso Ocidente nunca adivinharam, mergulhados na sua contabilidade política. "Um Estado como um outro" e muita eloquência? Vamos, vamos! Não haveria então nada a procurar entre o recurso aos métodos desdenhosos dos escrúpulos dos quais a *Realpolitik* fornece o modelo e a retórica irritante de um imprudente idealismo, perdido em sonhos utópicos, porém desfazendo-se em pó no contato com o real ou tornando-se delírio perigoso, imprudente e fácil que se dá pela retomada do discurso profético? Para-além da preocupação com um refúgio para os homens sem pátria e suas realizações, por vezes espantosas, por vezes incertas, do Estado de Israel, não se tratou sobretudo de criar sobre sua terra as condições concretas da invenção política? É esta a finalidade última do sionismo, e assim, provavelmente, num dos grandes eventos da história humana. Durante dois mil anos, o povo judeu era apenas um objeto, numa inocência política que ele devia ao seu papel de vítima. Ela não é suficiente à sua vocação. Desde 1948, ei-lo rodeado de inimigos e sempre em questão (este "estar-em-questão" define, lembramo-nos, a subjetividade ou a ipseidade do refém: perseguição, obsessão ou obsessionalidade, responsabilidade por todos), mas também engajado nos fatos, para pensar – e para fazer e refazer – um Estado onde deverão encarnar-se a moral profética e a ideia de sua paz. Que esta ideia já tenha podido ser transmitida e captada no ar, eis a maravilha das maravilhas. Dissemos, a viagem de Sadat abriu a única via da paz no Oriente Próximo, se esta paz deve ser possível: o que é "politicamente" frágil nela é provavelmente a expressão do que ela tem de audaciosa e, enfim de forte. E talvez, o que ela aporta à ideia propriamente dita de paz, por toda parte e para todos: a sugestão de que a paz é um conceito que ultrapassa o pensamento puramente político[7].

7. *L'Au-delà du verset*, pp. 227-228.

O que é a paz? O que dizemos quando dizemos "paz"? O que quer dizer "estar em paz com" – com algum outro, um grupo, um Estado, uma nação, consigo mesmo como um outro? Em todos esses casos, só se pode estar em paz com um outro. Enquanto que o outro enquanto outro não tiver sido "acolhido" de alguma maneira na epifania, na retirada ou na visitação de seu rosto, não haveria sentido falar de paz. Com o mesmo não se está jamais em paz.

Mesmo se ele parece pobre e abstrato, este axioma não é tão facilmente pensável de maneira consequente. Qual é então o núcleo semântico, se existe um e se ele tem uma unidade, desta pequena palavra "paz"? Existe um núcleo semântico? Dito de outra maneira, existe um conceito de paz? E que seja *um*, indestrutível em sua identidade? Ou bem é preciso inventar uma outra relação com este conceito, como talvez com qualquer conceito, com o enclave não dialético de sua própria transcendência, com seu "*para além no*"?

Da mesma maneira que teríamos que nos perguntar o que queremos dizer quando dizemos "acolher" ou "receber" – e todo o pensamento de Lévinas é, quer ser, apresenta-se como um ensinamento (no sentido da altura magistral que ele já dá a este termo, e que ele lhe confere magistralmente), um ensinamento a respeito do que "acolher" ou "receber" *deveria* querer dizer, da mesma forma, *deveríamos* perguntar-nos o que a palavra "paz" pode e *deveria* querer dizer, por oposição *ou não* à guerra.

Por oposição *ou não* à guerra e assim à hostilidade, porque esta oposição precisa ser explicada. À guerra ou às hostilidades, à hostilidade, quer dizer, a uma hostilidade declarada que é também, acredita-se comumente, o contrário da hospitalidade. Ora, se a guerra e a hostilidade declarada fossem a mesma coisa, e se fossem o contrário da paz, dever-se-ia dizer que paz e a hospitalidade do acolhimento vão também juntas. E que elas formam um par inseparável, uma correlação na qual uma, a paz, corresponde à outra, a hospitalidade, ou reciprocamente.

Ora, é a ordem de todos estes pares de conceitos, supostamente sinônimos, coimplicados ou simetricamente oponíveis que precisamos talvez problematizar, incomodar, inquietar, suspeitar. Talvez não seja seguro que "guerra", "hostilidade" e "conflito" sejam a mesma coisa (Kant, por exemplo, distingue a guerra do conflito). Tampouco é seguro que hospitalidade e paz sejam sinônimos. Pode-se imaginar uma certa paz política entre dois Estados que não ofereceriam nenhuma hospitalidade aos cidadãos do outro, ou pelo menos uma hospitalidade limitada por estritas condições. Trata-se mesmo do fenômeno mais corrente. Muito frequentemente, acredita-se também poder pensar que guerra e paz formem um par simétrico de conceitos opostos um ao outro. Porém, basta que se dê a um ou a outro desses dois conceitos um valor ou uma posição de originariedade para que a simetria seja rompida.

Se julgarmos, por exemplo como Kant, que tudo começa, na natureza, pela guerra, seguem-se então ao menos duas consequências: 1. A paz não é mais um fenômeno natural, simétrico e simplesmente oponível à guerra: a paz é um fenômeno de uma outra ordem, de natureza não natural mas institucional (portanto político-jurídica); 2. A paz não é simplesmente a cessação das hostilidades, a abstenção de guerrear ou o armistício: ela deve ser instituída como paz perpétua, como promessa de paz eterna. A eternidade, então, não é nem uma utopia, nem uma palavra vazia, nem mesmo um predicado exterior ou suplementar que poder-se-ia acrescentar a esse conceito de paz. Este implica, em si-mesmo, analiticamente, na sua própria necessidade, que a paz seja eterna. O pensamento da eternidade é indestrutível no próprio conceito de paz, e assim no conceito de hospitalidade, se pelo menos pode-se pensá-lo. É bem conhecido o argumento kantiano: se eu fizesse a paz com segundas intenções de reabrir as hostilidades, de retomar a guerra, ou de apenas consentir um armistício, mesmo se eu pensasse que, pelo sim ou pelo não, eu deveria me deixar ganhar um dia pela hipótese de uma outra guerra, isso não seria uma paz. Então, poder-se-á dizer que talvez não haja jamais paz, mas se paz houvesse, ela deveria ser eterna e, enquanto paz instituída, paz jurídico--política, não natural.

Alguns poderiam talvez concluir que não há nunca e que não haverá jamais de fato uma tal paz. Uma paz puramente política sempre pode não ter lugar em condições adequadas a seu conceito. Assim sendo, esta paz eterna, por mais puramente política que ela seja, não é política; ou ainda: o político nunca é adequado ao seu conceito. O que aproximaria, apesar das diferenças às quais devemos estar atentos, esse Kant de Lévinas quando este, em "Política Depois!" constata esse conceito do político, sua inadequação a si ou à sua ideia infinita, assim como as consequências que Kant é obrigado a tirar no seu *Terceiro Artigo Definitivo para a Paz Perpétua*: "*O direito cosmopolítico deve-se restringir às condições da hospitalidade universal*". Este artigo generoso é efetivamente limitado por um grande número de condições: nele, a hospitalidade universal é somente jurídica e política; ela confere apenas o direito de visita e não o direito de residência; ela implica apenas os cidadãos dos Estados e, apesar de seu caráter institucional, ela se funda, todavia, num direito natural, a possessão comum da superfície redonda e finita da terra sobre a qual os homens não podem-se dispersar infinitamente. A realização deste direito natural, e pois da hospitalidade universal, é remetido a uma constituição cosmopolítica da qual o gênero humano só pode se aproximar indefinidamente.

Porém, por todas estas razões que suspendem e condicionam indefinidamente o acolhimento imediato, infinito e incondicional do outro, Lévinas prefere sempre, gostaria de dizê-lo sem fazer um jogo de palavras, *a paz agora*; e ele prefere a universalidade ao cosmopolitismo. Até onde sei, ele não pronuncia ou não emprega jamais a palavra cosmopolitismo. Ao menos por duas razões, imagino: porque esse politismo remete à hospitalidade pura, e pois à paz, ao final de um progresso indefinido *e* pelas conotações ideológicas bem conhecidas com as quais o antissemitismo moderno impregnou a bela tradição de um cosmopolitismo que transmitiu-se do estoicismo ou do cristianismo pauliniano ao Iluminismo e a Kant.

Enquanto que em Kant, a instituição de uma paz eterna, de um direito cosmopolítico e de uma hospitalidade universal guarda o rastro de uma hostilidade natural, atual ou ameaçadora, efetiva ou virtual, para Lévinas seria o contrário: a própria guerra guarda o traço testemunhal de um acolhimento pacífico do rosto. Na abertura da Segunda Seção de *Para a Paz Perpétua*, Kant declara a guerra *natural*:

O estado de paz entre os homens vivendo uns ao lado dos outros não é um estado natural (*status naturalis*) *[Naturzustand]*: este é antes um estado de guerra [*Zustand des Krieges*]: mesmo se as hostilidades não explodem [literalmente: mesmo que não haja explosão de inimizade, de hostilidade: *wenngleich nicht immer ein Ausbruch der Feindseligkeiten*], elas constituem, no entanto, um perigo [o risco de uma ameaça, *Bedrohung*] permanente[8].

Para Kant, e isso deve ser tomado a sério, uma ameaça de guerra ou uma simples pressão – simbólica, diplomática ou econômica – é suficiente para interromper a paz. Uma hostilidade virtual permanece incompatível com a paz. Isso vai longe e muito profundamente, até tornar contraditória com a paz qualquer alergia virtual, seja ela inconsciente ou radicalmente proibida. Incompatível com a paz seria o despontar de qualquer ameaça, a imanência e não apenas a iminência de uma negatividade na experiência da paz. É só isto o que permite a Kant concluir que não existe paz natural, e que, como ele diz logo adiante, o estado de paz deve então ser "*instituído*" (fundado, *gestiftet*).

Porém, desde que a paz seja instituída, politicamente deliberada, juridicamente construída, não guarda ela em si, indefinidamente, inevitavelmente, o rastro da natureza violenta com a qual ela deveria romper, que ela deveria interromper, proibir e reprimir? Kant não o diz, mas podemos pensar, com ele ou contra ele, que uma paz de instituição é ao mesmo tempo pura e impura? Promessa eterna, ela deve guardar – segundo uma lógica que tentei formalizar[9] em outro trabalho, sobre outros exemplos – o rastro da ameaça, do que a ameaça e do que ameaça nela, contaminando assim a promessa pela ameaça, segundo uma colusão julgada, em particular pelos teóricos da promessa como *speech act*, inaceitável, inadmissível, e contrária à essência da promessa. Kant prossegue:

> O estado de paz deve assim ser *instituído* [*es muss also* gestiftet *werden*]; porque abster-se de hostilidades não é ainda assegurar a paz e, salvo se esta é garantida entre vizinhos (o que só pode se produzir num estado *legal* [*in*

---

8. *Vers la paix universelle*, trad. J.-F. Poirier et Fr. Proust, Éd. GF Flammarion.

9. "Avances", prefácio a Serge Margel, *Le tombeau du Dieu artisan*, Éd. de Minuit, 1995.

einem gesetzlichen Zustande]), cada um pode tratar como inimigo aquele que ele exortou a esse fim.

Se tudo começa, como natureza e na natureza, por uma guerra atual ou virtual, não há mais oposição simétrica entre guerra e paz, quer dizer, entre guerra e paz eterna. Guardando o rastro da guerra possível, a hospitalidade, desde então, só pode ser condicional, jurídica, política. Um Estado-Nação, até mesmo uma comunidade de Estados-Nações, só pode condicionar a paz, como só pode limitar a hospitalidade, o refúgio ou o asilo. E a primeira, talvez mesmo a única preocupação de Kant, é definir limitações e condições. Sabemos bem demais: jamais um Estado-Nação enquanto tal, qualquer que seja seu regime, mesmo o democrático, ou sua maioria, seja ela de direita ou de esquerda, não se abrirá a uma hospitalidade incondicional ou a um direito de asilo sem reserva. Não seria "realista" esperar ou exigir isso de um Estado-Nação enquanto tal. Este quererá sempre "controlar o fluxo de imigração".

Ora, não se poderia, ao contrário, dizer que em Lévinas tudo começa pela paz? Se bem que esta paz não seja *nem natural* (porque, por razões não fortuitas, não há, parece-me, nem conceito de natureza nem referência a um estado de natureza em Lévinas, e isso tem uma grande consequência: antes da natureza, antes da originariedade da *arquia*, e para interrompê-la, existe a anacronia pré-original da an-arquia), *nem simplesmente institucional ou jurídico-política*, tudo parece "começar", de maneira justamente an-árquica e anacrônica, pelo acolhimento do rosto do outro na hospitalidade, quer dizer também por sua interrupção imediata e quase imanente na eleidade do terceiro.

Mas a ruptura desta simetria, que parece ser o inverso daquela que descreve Kant, tem também consequências equívocas. Ela pode significar que a guerra propriamente dita, a hostilidade, até mesmo o assassinato supõem *ainda* e assim manifestam *sempre* este acolhimento originário que é a abertura ao rosto: antes e depois do Sinai. Só se pode guerrear um rosto, só se pode matar, mesmo proibir-se de matar lá onde a epifania do rosto adveio, mesmo se é rejeitada, esquecida ou negada na alergia. Sabemos que a proibição de matar – o "*tu não matarás*" em que, diz ele, se concentra "*toda a Torá*"[10] e "*que é significado pelo rosto do outro*" – é a origem da ética para Lévinas. Enquanto que para Kant a instituição da paz só pode guardar o rastro de um estado de natureza guerreiro, em Lévinas, inversamente, a alergia, a rejeição do outro, a guerra aparecem num espaço marcado pela epifania do rosto, lá onde "*o sujeito é um hóspede*" – e um "*refém*", lá onde, responsável, traumatizada, obcecada, perseguida, a subjetividade intencional, a consciência de oferece antes de mais nada a hospitalidade que ela é. Quando afirma que a essência da linguagem é bondade, ou, ainda, que "*a essência da linguagem é amizade e hospitalidade*", Lévinas pretende marcar uma interrupção: interrupção da simetria e da dialética. Ele rompe com Kant e com Hegel: e com um jurídico-cosmopolitismo que, apesar de seus desmentidos, não chegaria a interromper a paz armada, a paz como armistício, e com o laborioso processo do negativo, com um "processo de paz" que ainda organizaria a guerra por outros meios, quando ele não faz dela uma condição da consciência, da "moralidade objetiva" (*Sittlichkeit*) e da política – aquilo justamente que a dialética de um Carl Schmitt[11] creditava ainda a Hegel. Para Lévinas, a

10. Cf. entre tantos exemplos: "Pensée et sainteté", em *À l'heure des nations*, p. 128: "Toda a Torá, em suas minuciosas descrições, resume-se no 'tu não matarás' que é significado pelo rosto do outro e espera aí sua proclamação".

11. Até onde sei, Lévinas não fala jamais de Schmitt. Este teórico do político se situa precisamente nos antípodas de Lévinas, com toda a reserva de paradoxos e de reviravoltas que pode abrigar uma oposição absoluta. Schmitt não é apenas um pensador da hostilidade (e não da hospitalidade), ele não apenas coloca o inimigo no princípio de uma "política", irredutível à ética, senão ao jurídico. Ele é também, confessadamente, uma espécie de neo-hegeliano católico que tem uma necessidade essencial de manter-se num pensamento da totalidade. É aí que esse discurso do inimigo como discurso da totalidade pode-se dizer, encarnaria para Lévinas o adversário absoluto. Mais rigorosamente que Heidegger, parece. Porque este não cede nem ao "politismo" nem à fascinação da totalidade (supostamente hegeliana). A questão do ser, em sua transcendência (*epekeina tes ousias*, que cita tão frequentemente Heidegger), leva para-além da totalidade do sendo. A passagem paraalém da totalidade foi assim, ao menos em sua formalidade, um movimento cuja necessidade Heidegger reconheceu tanto quanto Rosenzweig. Donde o emaranhado tenso e instável de uma herança.

paz não é um processo do negativo, o resultado de um tratado dialético entre o Mesmo e o Outro: "O Outro não é a negação do Mesmo como queria Hegel. O fato fundamental da cisão ontológica em Mesmo e Outro, é uma relação não alérgica do Mesmo com o Outro."

São as últimas páginas de *Totalidade e Infinito*. Elas declaram a paz, a paz agora, antes e para-além de todo processo de paz, antes mesmo de qualquer "peace now movement".

Onde encontrar uma regra ou um esquema mediador entre esta hospitalidade pré-originária ou esta paz sem processo, e de outra parte, a política, a política dos Estados modernos (que eles existam ou estejam em vias de constituição), como por exemplo, porque é apenas um exemplo, a política em curso de um "processo de paz" entre Israel e a Palestina? Todas as retóricas e todas as estratégias que pretendem se referir a ela o fazem hoje em nome e em vista de "políticas" não apenas diferentes mas aparentemente antagonistas e incompatíveis.

As últimas páginas de *Totalidade e Infinito* retomavam as proposições que, no capítulo intitulado "A Habitação", denominavam a linguagem como não violência, paz, hospitalidade. Lévinas falava então do que "*se produz na linguagem*", a saber "*o desenvolvimento positivo desta relação* pacífica (eu sublinho) *sem fronteira ou sem negatividade alguma com o Outro*. Por duas vezes em algumas linhas, a palavra "hospitalidade" correspondia ao recolhimento na casa, mas ao *recolhimento* como *acolhimento*: "O recolhimento numa casa aberta ao Outro – a hospitalidade – é o fato concreto e inicial do recolhimento humano e da separação, coincide como Desejo do Outro absolutamente transcendente."[12]

O em-si da habitação não significa o fechamento mas o lugar do Desejo em direção à transcendência do Outro. A separação que aí se marca é a condição do acolhimento e da hospitalidade oferecida ao outro. Não haveria nem acolhimento nem hospitalidade sem esta alteridade radical que supõe ela mesma a separação. O elo social é uma certa experiência do desvinculamento sem a qual nenhuma respiração, nenhuma inspiração espiritual seria possível. O recolhimento, o estar

---

12. *Totalité et Infini*, p. 147.

junto supõe a separação infinita. O em-si, então, não será mais natureza ou raiz, porém resposta a uma errância, fenômeno de errância que ele para.

Este axioma vale para o espaço da nação. O solo ou o território não tem nada de natural, nada de uma raiz, seja ela sagrada, nada de uma posse pelo ocupante nacional. A terra dá antes de tudo hospitalidade, uma hospitalidade já oferecida ao ocupante inicial, uma hospitalidade provisória consentida ao hóspede, mesmo se ele permanece senhor do lugar. Este se vê recebido na "sua" casa. Bem no meio de *Totalidade e Infinito*, a "casa", a casa familiar, "a habitação" na qual a figura da mulher desempenha o papel essencial da acolhedora absoluta, é uma casa *escolhida, eleita, ou antes concedida,* confiada, atribuída pela escolha de uma eleição, em nada um lugar natural:

> A casa escolhida (diz Lévinas, logo após ter falado da hospitalidade como Desejo do Outro absolutamente transcendente) é totalmente o contrário de uma raiz. Ela indica um desprendimento, uma errância que a tornou possível, a qual não é um *menos* em relação à instalação, mas um acréscimo da relação com o Outro ou da metafísica[13].

Nas últimas páginas de *Totalidade e Infinito*, trata-se da mesma temática da paz hospitaleira e da errância desenraizada. Passando do político ao sentido corrente, a mesma lógica abre um espaço completamente diferente: antes, para além, fora do Estado. Porém, podemos perguntar por que ela não centra mais então essa "situação" ao redor da feminilidade do acolhimento mas sim da fecundidade paterna, em torno do que Lévinas chama, e isso seria uma outra grande questão, uma maravilha a mais, a *"maravilha da família"*. Esta concretiza *"o tempo infinito da fecundidade"* – fecundidade não biológica, evidentemente –, *"o instante do erotismo e do infinito da paternidade"*[14].

Uma vez colocadas sob o signo da paz e da hospitalidade declaradas (*"a metafísica ou relação com o Outro, se realiza como serviço e como hospitalidade"*[15]), as "Conclusões" de

13. *Ibidem*.
14. *Idem*, p. 283.
15. *Idem*, p. 276, cf. também p. 282 e *passim*.

Totalidade e Infinito não reconduzem mais este acolhimento hospitaleiro ao "*ser feminino*" ("*o acolhimento hospitaleiro por excelência*", "*o acolhedor por excelência*", "*o acolhedor em si*" de "A Habitação") mas sim à fecundidade paterna, aquela que abre "*um tempo infinito e descontínuo*"[16] e sobre a qual lembrávamos mais acima que ela tem uma relação essencial, senão exclusiva, com o filho, com cada um dos filhos, enquanto "*filho único*", enquanto "*filho eleito*". Lá onde o ser feminino parecia figurar "*o acolhedor por excelência*", o pai torna-se agora o hospedeiro infinito ou o hospedeiro do infinito.

É que trata-se de opor ao Estado aquilo que se inscreve aqui de um só lado da diferença sexual, somente sob a lei da paternidade, ou seja, o "tempo infinito da fecundidade", e não a "protestação egoísta da subjetividade". Por este gesto insistente, por esta protestação contra a protestação subjetiva, Lévinas parece querer distanciar-se de dois pensadores bastante próximos: ao mesmo tempo de um certo Kierkegaard (do qual ele contesta, em outro trabalho, a interpretação do "sacrifício" de Isaac e da figura paterna de Abrahão) e de um certo Rosenzweig. Diante de um e de outro, ele finge ser tentado, momentaneamente, pela argumentação hegeliana que daria razão à universalidade do Estado. Ele o finge mas para deixar entender sem fingimento que não é preciso fechar-se na finitude subjetiva do *ego* – da qual nos protegeriam justamente a "*fecundidade*", o tempo infinito da relação pai-filho:

Contra esta protestação egoísta da subjetividade – contra esta protestação na primeira pessoa – o universalismo da realidade hegeliana terá talvez razão [...]. O eu se conserva então na bondade sem que a resistência ao sistema se manifeste como o grito egoísta da subjetividade de Kierkegaard, ainda preocupada com a felicidade ou a salvação[17].

Paradoxo aparente: a anarquia, a verdadeira anarquia deve ser paterna – como a protestação consequente contra a "tirania do Estado". A hospitalidade pré-originária, a bondade anárquica, a fecundidade infinita, a paternidade

16. *Idem*, p. 277 e *passim*.
17. *Idem*, pp. 277 e 282.

podem, sem dúvida, ceder lugar à alergia. Isso ocorre, quase constantemente, e faz então esquecer, negar ou reprimir o que vem antes da origem, segundo a experiência corrente da história. Esta negatividade da repressão permaneceria sempre, segundo Lévinas, secundária. Mesmo se ela fosse repressão originária, como se diz num código psicanalítico evitado por Lévinas. Em sua secundaridade originária, ela atestaria ainda, apesar dela, aquilo mesmo que ela esquece, nega, reprime, de maneira que a inospitalidade, a alergia, a guerra etc. venham ainda *testemunhar* que tudo começa pelo seu contrário, a hospitalidade.

Desde logo, uma dissimetria hierarquizante permanece (aparentemente o inverso àquela de Kant). A guerra ou a alergia, a rejeição inospitaleira derivam ainda da hospitalidade. A hostilidade manifesta a hospitalidade, ela permanece apesar dela um fenômeno da hospitalidade, com esta terrível consequência que a guerra pode sempre ser interpretada como a continuação da paz por outros meios ou em todo caso a ininterrupção da paz ou da hospitalidade. Assim, nesse grande discurso messiânico sobre a paz escatológica e sobre um acolhimento hospitaleiro que nada precede, nem mesmo a origem, podemos entender tudo menos um irenismo político.

Que a guerra testemunhe ainda a paz, que ela permaneça um fenômeno da paz, podemos supor não seja essa a consequência que afirma Lévinas, porém o risco permanece. Em todo caso, é-nos dito claramente que a alergia, o esquecimento inospitaleiro da transcendência do Outro, este esquecimento da linguagem, em suma, é ainda um testemunho, um testemunho inconsciente, se isso é possível: ele *atesta* aquilo mesmo que ele esquece, ou seja, a transcendência, a separação, portanto a linguagem e a hospitalidade, a mulher e o pai. Eis o que *"habita" "em sua habitação"*:

> Porém, o ser separado pode fechar-se no seu egoísmo, quer dizer, na realização propriamente dita de seu isolamento. E esta possibilidade de esquecer a transcendência do Outro – de banir impunemente de sua casa toda hospitalidade (quer dizer, toda linguagem), de banir a relação transcendente que só permite ao Eu fechar-se em si – *atesta* a verdade absoluta, o radicalismo da separação. De um modo dialético, a separação não é apenas correlativa da transcendência como seu contrário. Ela se

realiza como evento positivo. A relação com o infinito permanece como uma outra possibilidade do ser recolhido em sua habitação. A possibilidade para a casa de abrir-se ao outro é tão essencial à essência da casa quanto as portas e as janelas fechadas[18].

Se a linguagem ou a transcendência do Outro *são* ou *traduzem* a amizade hospitaleira propriamente dita, então a interpretação desta tradução distingue de maneira perturbadora (perturbadora porque esta distinção corre o risco a cada instante, como havíamos entrevisto há pouco, de apagar-se) o conceito levinassiano do conceito kantiano de "paz". Esta herança paradoxal de Kant parece evocada por uma alusão irônica a esta paz dos cemitérios que é ironizada também em *Para a Paz Eterna*. Para Lévinas, como para Kant, a paz eterna deve permanecer a paz dos vivos.

Para definir um pluralismo da separação radical – um pluralismo no qual a pluralidade não é a de uma comunidade total, nem a coesão ou a coerência do todo, nem a "*coerência de elementos constituindo a pluralidade*" – é preciso então pensar a pluralidade como paz:

> A unidade da pluralidade é a paz e não a coerência de elementos constituindo a pluralidade. A paz não pode pois identificar-se com o fim dos combates que cessam por falta de combatentes, pela derrota de uns e a vitória dos outros, quer dizer com os cemitérios ou os impérios universais futuros. A paz deve ser minha paz, numa relação que parte de um eu e se dirige ao Outro, no desejo e na bondade em que o eu, ao mesmo tempo, se mantém e existe sem egoísmo[19].

O prefácio de *Totalidade e Infinito* já denunciava a "*paz dos impérios*" – da qual teríamos tanto ainda a dizer hoje em dia, bem além da *pax romana*: "*a paz dos impérios saídos da guerra repousa sobre a guerra*", líamos então.

O conceito de paz parece então ir ao mesmo tempo na direção de e contra Kant, um Kant que é ele próprio ao mesmo tempo cristão e homem das Luzes, um Kant que pensaria a paz de maneira puramente política e a partir do Estado, mesmo se o político desta política seja sempre inadequado a si mesmo.

18. *Idem*, pp. 147-148. Eu sublinho.
19. *Idem*, p. 283.

A insistência da crítica do Estado em *Totalidade e Infinito* coloca regularmente em causa a *"tirania do Estado"* e *"a universalidade anônima do Estado"*[20]. O devir político ou estatal da hospitalidade responde indubitavelmente a uma aspiração, aliás corresponde ao apelo do terceiro, porém *"deforma o eu e o Outro"*, tende a introduzir a violência tirânica. É porque não se deve jamais deixar a política entregue *"a ela mesma"*. Ela julgaria sempre *"por contumácia"*: os mortos ou os ausentes, em suma, lá onde o rosto não se apresenta, lá onde ninguém diz "eis-me aqui". Lugar de uma meditação futura sobre o que pode significar a *contumácia*, quanto ao direito e à política, para além do uso surpreendente mas furtivo que Lévinas faz desta palavra ou desta figura. Sublinhemos:

> A metafísica ou relação com o Outro realiza-se como serviço e como *hospitalidade*. Na medida em que o rosto do Outro coloca-nos em relação com o *terceiro*, a relação metafísica do Eu ao Outro toma a forma de um Nós, *aspira* a um Estado, às instituições, às leis que são a fonte da universalidade. Mas, a *política, entregue a ela-mesma, porta em si uma tirania*. Ela *deforma* o eu e o Outro que a suscitaram, porque ela os julga segundo as regras universais e, por isso mesmo, por *contumácia*[21].

O político dissimula porque ele expõe. Ele esconde o que ele ilumina. Mostrando o rosto, arrastando-o ou atraindo-o ao espaço da fenomenalidade pública, ele o torna por isso mesmo invisível. A visibilidade torna invisível sua invisibilidade, a retirada de sua epifania. Mas esta não é a única maneira de dissimular assim, exibindo-a, a invisibilidade do rosto. A violência do político maltrata ainda o rosto apagando sua unicidade numa generalidade. Estas duas violências são no fundo a mesma, Lévinas associa ambas quando ele denomina *"a atenção ao Outro enquanto unicidade e rosto (que o visível do político deixa invisível) e que só pode se produzir na unicidade de um eu"*. É aí que ele acrescenta imediatamente, em direção de uma certa interpretação de Kierkegaard ou de Rosenzweig, a precisão que devemos citar e situar ainda uma vez, para nela sublinhar agora um certo "talvez":

20. *Ibidem.*
21. *Idem*, p. 276.

A subjetividade encontra-se assim reabilitada na obra da verdade, e não como um egoísmo recusando-se ao sistema que o fere. Contra esta protestação egoísta da subjetividade – contra esta protestação na primeira pessoa – o universalismo da realidade hegeliana teria *talvez* razão[22].

"*Talvez*": mas talvez, então, o Estado se deixe, também, mais dificilmente denunciar ou mesmo delimitar.

Indubitavelmente, não pode haver paz digna desse nome no espaço dessa "*tirania*" ou dessa "*universalidade anônima*". Porém, como acabamos de pressentir, a topologia dessa política parece sinuosa em seus meandros. Porque Lévinas reconhece que o que "*se identifica fora do Estado*" (a paz, a hospitalidade, a paternidade, a fecundidade infinita etc.) tem um quadro *no* Estado, "*se identifica fora do Estado mesmo se o Estado lhe reserva um quadro*".

Existe pois um destino topológico a esta complicação estrutural do político. Enclave da transcendência, dizíamos acima. A fronteira entre a ética e o político perde aí para sempre a simplicidade indivisível de um limite. Seja o que for que Lévinas possa dizer, a determinabilidade deste limite nunca foi pura, ela não o será jamais. Poderíamos seguir esta inclusão do excesso, ou do mesmo modo, esta transcendência na imanência, através dos textos posteriores, tais como por exemplo, "Para-além do Estado no Estado" ou "O Estado de César e o Estado de David". Uma transgressão hiperbólica dissocia a imanência de si, dissociação essa que remete sempre a esta ex-propriedade ou ex-apropriação pré-originária que fazem do sujeito um hóspede e um refém, alguém que se encontra, *antes* de todo convite, eleito, convidado *e* visitado em-si como no outro, *que está em-si no outro* num *em-si* dado – ou antes emprestado, alugado, avançado antes de todo contrato, no "*anacronismo de uma dívida que precede o empréstimo*".

Segundo a lógica deste avanço, uma lógica ao mesmo tempo pacífica, doce e inelutável, o acolhedor é acolhido. Ele encontra-se antes acolhido pelo rosto do outro que ele pretende acolher. Ainda que esta paz não seja estatal ou política, nem, na linguagem de Kant, cosmopolítica, Lévinas não deixa de

---

22. *Idem*, pp. 276-277.

manter em consonância sua linguagem com a de Kant. É a alusão irônica ao cemitério, a uma paz que não deve ser a paz dos mortos. Como o faz com frequência, Lévinas empenha-se em permanecer ao lado de Kant. Ele fala nesta direção, mesmo não sendo literalmente nem totalmente kantiano, longe disso, e justamente quando se opõe a Kant.

Nesta encenação sarcástica de Kant, sublinhemos o que desaparece como faria, sem dúvida, um detalhe ao qual não se dá atenção. A alusão à paz dos cemitérios denomina um dono de hospedaria, um hoteleiro, a tabuleta de uma hospedaria que hospeda. Somos acolhidos de entrada sob o signo de um signo de hospitalidade, no âmbito da hospitalidade, por uma palavra acolhedora do dono de hotel, a palavra duvidosa de um hospedeiro ou a malevolência de um dono de hospedaria (*Gastwirt*). Desde a introdução, no limiar pois de *Para a Paz Eterna*, eis-nos recebidos por uma advertência. Antes da advertência, está o título e ele ainda faz mais: ele situa e anuncia um lugar, a paz eterna que será tratada – e é também o refúgio ou o albergue. Assim, ele promete, saúda, dedica: *Para a Paz Eterna*. As primeiras palavras de Kant colocam-nos em guarda contra a confusão entre duas pazes – a do o refúgio e a do cemitério:

> Podemos deixar em suspenso [*Ob ... mag dahin gestellt werden*: a questão de saber se – talvez deixada em suspenso, como um título ou como uma tabuleta] a questão de saber se esta inscrição satírica sobre a tabuleta do dono de hospedaria holandês (*auf dem Schilde jenes holländischen Gastwirts*) onde estava pintado um cemitério vale para os *homens* em geral, ou para os chefes de Estado em particular que não chegam nunca a cansar-se da guerra ou unicamente para *estes* filósofos (*die Philosophen*) que se abandonam a este doce sonho.

Para a Paz Eterna seria pois a promessa ambígua de uma paz eterna, a promessa equívoca ou hipócrita de uma hospitalidade sem reserva. Mas Kant não quer nem o cemitério com o qual nos ameaçam os chefes de Estado e os falcões de todos os tempos, nem o "*o doce sonho*" do filósofo pacifista, da utopia idealista e impotente, de um irenismo onírico. O direito e a cosmopolítica da hospitalidade que ele propõe em resposta a esta terrível alternativa são um conjunto de regras e de contratos, uma condicionalidade interestatal que limite a hospitalidade propriamente dita que ela mesmo garante, sobre um fundo de direito natural reinterpretado num horizonte cristão. O direito ao refúgio é estritamente delimitado por tais regras. Não temos o tempo necessário para analisar aqui o texto e tampouco é o lugar de fazê-lo. Precisamos apenas, entre Kant e Lévinas, afinar aqui uma diferença que conta hoje em dia mais que nunca para este direito do refúgio e a todas as urgências que são as nossas, por todos os lugares onde, em Israel, em Ruanda, na Europa, na América, na Ásia e em todas as igrejas São Bernardo do mundo, milhões de "sem documentos" e de "sem domicílio fixo" exigem ao mesmo tempo um outro direito internacional, uma outra política de fronteiras, uma outra política do humanitário, um engajamento humanitário que se mantenha *efetivamente* para-além do interesse dos Estados-Nações.

VI

Voltemos por um momento a Jerusalém.

"Aproximâmo-nos das portas de Jerusalém".

O que é uma aproximação? E esta aproximação terminará algum dia?

Cheguemos a Jerusalém, um ano após esta separação da separação, desde a morte de Emmanuel Lévinas.

O A-deus da separação deixa-nos ainda esta graça, graças a ele, de escutá-lo e de lê-lo, acolhê-lo e recebê-lo por seu rastro.

A possibilidade desta chance, podemos meditá-la, quer dizer, afirmá-la.

Uma vez selado nesta escritura, de uma vez por todas, o *Dizer a-Deus* cruza numa palavra, porém *ao infinito*, a saudação e a promessa, as boas-vindas e a separação: as boas-vindas no coração da separação, a santa separação. No momento da morte, mas também ao encontro do outro nesse momento propriamente dito, no gesto de acolhimento – e sempre infinitamente: Adeus.

Infinitamente, sem dúvida, porque o a-Deus diz sobretudo "a ideia do infinito".

Neste sentido, é também uma saudação de adeus a Descartes. Como havíamos sugerido acima[1], Descartes talvez tivesse hesitado em seguir Lévinas nesta espécie de desvio da herança a respeito da ideia do infinito em mim. É preciso também assinalar no que consiste o desvio, e descrever o movimento pelo qual Lévinas se separa de Descartes. É para Dizer a-Deus, o *a* de *a-Deus*, a direção e o desvio deste *a* precisamente, e no momento de explicar o que "*não interessava a Descartes para quem bastavam a claridade e a distinção matemática das ideias*" – e que todo o paradoxo da ideia de infinito estava "*subordinado, no sistema cartesiano, à busca de um saber*". Reconhecendo a analogia entre sua crítica e aquela que Husserl dirige a Descartes, mas no próprio momento em que ele confirma esta interrupção fenomenológica da fenomenologia da qual falávamos acima, Lévinas denomina então *a-Deus* esta "estrutura extraordinária da ideia de infinito" que não coincide nem com "*a autoidentificação da identidade*" nem com a "*consciência de si*". É que o "a", eis a sua direção, volta-se para o infinito. Antes mesmo de voltar-*se* assim, ele é *voltado*: pelo Infinito para o infinito. Mesmo se ele não pode, por definição, medir-se a esta desmedida – e Lévinas assinala de passagem esta inadequação do *a* na nossa língua, ele o faz no próprio momento em que, nesta mesma língua, ele lhe inventa este recurso[2]. Esta preposição *a é* preposta ao infinito que se anuncia nela. O *a* não é apenas aberto ao infinito unicamente, *quer Dizer a Deus dito de outra maneira*, ele se volta em sua direção e ele se dirige, *sobretudo para responder ao infinito, sobretudo para responder do infinito*, ele dirige seu "*ad*" ao infinito que o chama e se dirige a ele, ele abre a referência *a*, a relação *a ao* infinito do seu alcance. Ele *destinou a referência a* ao excesso de um desejo, desde sempre, antes de mais nada, antes de dar ou de perdoar Deus, antes de pertencer a Deus,

---

1. Ver *supra*, p. 64.
2. *De Dieu qui vient à l'idée*, p. 250.

antes de qualquer coisa, antes mesmo do ser, antes de todo presente, – o desejo diz A-Deus. Ele reside nisso, Deus, que *deseja residir aí*: o desejo diz A-Deus.

Não é com a finalidade de uma visão intencional que penso o infinito. Meu pensamento mais profundo e que carrega todo pensamento, meu pensamento do infinito mais antigo que o pensamento do finito é a diacronia propriamente dita do tempo, a não coincidência, a renúncia propriamente dita: uma maneira de "ser destinado" antes de todo ato de consciência [...]. Maneira de ser destinado que é devoção. A Deus, que não é justamente intencionalidade em sua compleição noético-noemático. [...]. O a-Deus ou a ideia do Infinito, não é uma espécie cujo gênero seria designado pela intencionalidade ou aspiração. O dinamismo do *desejo* remete, pelo contrário, ao a-Deus, pensamento mais profundo e mais arcaico do que o cogito[3].

Por que designar aqui o desejo? E dizer em que ele reside ou *deseja residir*? E por que associá-lo ao nome de Jerusalém, a um certo desejo *de* Jerusalém? Ao desejar como desejo de residir aí?

Nós o fazemos no momento de concluir um discurso sobre a ética e a política da hospitalidade. Porque antes de tentar responder a tais questões, lembrarei este indício: não é raro que no momento de dizer em que reside o a-Deus, Lévinas evoque em Deus o amor ao estrangeiro. Deus seria sobretudo, como se diz, aquele *"que ama o estrangeiro"*[4]. Desmedidamente, porque a desmedida é também – como a *não reciprocidade* que se decide na morte (e é por isso que a saudação é então adeus), como a

3. *De Dieu qui vient à l'idée*, p. 12. Eu sublinho.
4. Por exemplo, após ter nomeado a devoção do a-Deus (ver acima: "maneira de ser destinado que é devoção"), Lévinas encadeia: "Devoção que, no seu des-inter-essamento não perde nenhum objetivo, porém é desviada – por um Deus "que ama o estrangeiro" mais do que parece – para o outro homem pelo qual tenho de respoder. Responsabilidade sem preocupação de reciprocidade: tenho de responder pelo outro sem me ocupar da responsabilidade do outro em relação a mim. Relação sem correlação ou amor pelo próximo que é amor sem Eros. Para-o outro homem e por isso a-Deus!", *De Dieu qui vient à l'idée*, pp. 12-13). Ou ainda: "Porém o engajamento deste 'profundo passado' do imemorial me retorna como ordem e pedido, como mandamento, no rosto do outro homem, de um Deus 'que ama o estrangeiro', de um Deus invisível, não tematizável [...]. Infinito ao qual eu estou destinado por um pensamento não intencional cuja devoção não poderia ser traduzida por nenhuma preposição de nossa língua – nem mesmo o *a* ao qual recorremos. *A-Deus* cujo tempo diacrônico é a cifra única, ao mesmo tempo devoção e transcendência". *Idem*, p. 250.

interrupção da simetria ou da comensurabilidade – o traço, o traço de união, se podemos ainda dizer, o traço de união que separa o adeus, o traço de união do a-Deus. A-Deus para-além do ser, lá onde não apenas Deus não tem de exisitir mas onde ele não tem nem que me dar nada nem me perdoar nada. Que seria a fé ou a devoção em relação a um Deus que não poderia me abandonar? Do qual eu estaria seguro, assegurado de sua solicitude? Um Deus que só poderia me dar ou se dar a mim? Que não poderia não me eleger? Teria Lévinas concordado com estas últimas proposições, a saber, que o a-Deus como a saudação ou a oração deve dirigir-se a um Deus que não apenas pode não existir (não existir mais ou ainda não) mas a um Deus que pode me abandonar e não se voltar para mim por nenhum movimento de aliança ou de eleição?

Desejo, amor do estrangeiro, desmedida, eis o que eu queria, a título de Adeus, colocar como epígrafe a esta conclusão – as aproximações de Jerusalém.

"Deus que ama o estrangeiro" mais do que parece, não se encontra aí – para-além do ser e do fenômeno, para além do ser e do nada – um Deus que, precisamente quando, literalmente, ele não *está*, não está "contaminado pelo ser", destinaria o a--Deus e a saudação e a santa separação ao desejo como "amor ao estrangeiro"? Antes e para-além da "existência" de Deus, fora de sua provável improbabilidade, até no ateísmo mais vigilante senão o mais desesperado, o mais "sóbrio" (Lévinas ama esta palavra), o Dizer a-Deus significaria a hospitalidade. Não alguma abstração que se nomearia, como acabo de fazer rapidamente, "amor do estrangeiro" mas (Deus) *"que* ama o estrangeiro".

Que ama o estrangeiro. Quem ama o estrangeiro? A quem a*mar* senão?

Voltemos um instante a Jerusalém.
Cheguemos a Jerusalém.
Em Jerusalém, talvez estejamos aí.
O passo de um tal retorno é possível? A possibilidade se mede aqui pela efetividade de uma promessa. Seguramente. Uma promessa permanece, sua possibilidade permanece efetiva, mas a ética exige que esta efetividade se efetue, sem o que a promessa trai a promessa renunciando ao que ela

promete. A realização de uma possibilidade efetiva da ética já é a política? Qual política?

Estamos aí, na Jerusalém terrestre, entre guerra e paz, nesta guerra que é chamada o "processo de paz" por todos os lados sem acreditar nisso, sem nos fazer acreditar. Estamos na promessa ameaçada ou ameaçante, no presente sem presente, na iminência de uma Jerusalém prometida.

"*O que é prometido em Jerusalém é uma humanidade da Torá*", disse um dia Emmanuel Lévinas.

O que isso quer dizer? Quem são os hóspedes e os reféns de Jerusalém? Como entender a "*humanidade da Torá*" quando, para determinar a promessa que carrega este nome de lugar, Jerusalém, Lévinas insiste sobre a terra, a "*Jerusalém terrestre*" e não celeste "*não fora de todo lugar, em pensamentos pios*"[5].

Por que indica ele então um acolhimento que seria mais do que um acolhimento, mais antigo ou mais por vir ainda do que um acolhimento? Uma hospitalidade escatológica que seria mais do que a hospitalidade, tal como é entendida em direito e em política, uma hospitalidade *da* Torá que seria em uma palavra ainda mais do que um refúgio? Por que a ética da hospitalidade deveria ser mais e outra coisa que um direito ou uma política do refúgio?

Estas questões não se colocam.

Pelo menos não se colocam jamais no repouso de um lugar. Elas colocam à prova de uma interrogação que lhes resiste sem repouso.

Para evocar esta resistência (que outra coisa podemos fazer aqui em poucos instantes?), marquemos apenas algumas etapas na extraordinária travessia de leitura e de interpretação que deveríamos seguir palavra por palavra, passo a passo, em *O Para-além do Versículo*, mais precisamente no capítulo III intitulado "As Cidades-Refúgio"[6].

Vinte páginas. O movimento sutil desta exegese é ao mesmo tempo diferenciado, paciente, inventivo, prudente *e* aventuroso,

5. *L'Au-delà du verset*, p. 70.
6. Sobre este capítulo, remeto em primeiro lugar a Daniel Payot, *Des villes-refuges. Témoignage et espacement*, Éd. L'Aube, 1992. Eu o abordo também, de um outro ponto de vista, em *Cosmopolites de tous les pays, encore un effort!*, Éd. Galilée, 1997.

aberto também, e tão contido, tão suspenso que apenas ouso correr o risco de tocá-lo ou mesmo de articulá-lo um momento, segundo a pedagogia grosseira de uma sequência de etapas ou de argumentos. No entanto, tentarei, mas apenas para convidá-los, em abertura, a voltar ao que se anuncia nesse lugar.

Indubitavelmente, bastaria lembrar assim, elipticamente, a figura feminina de Jerusalém. Ela despertaria o que foi escutado anteriormente, e interrogado sobre uma hospitalidade, sobre o ser feminino que seria *"o acolhimento hospitaleiro por excelência"*, *"o acolhedor por excelência"*, *"o acolhedor em si"*.

Desejar, residir. Ao cantar a eleição de Sion pelo desejo de I$^{adonaï}_{HV}$H, sim, o *desejo* de I$^{adonaï}_{HV}$H, um Salmo (132, 13) designa Jerusalém como a amante ou a esposa escolhida como morada. Em Sion, Deus diz *desejar residir*. *"Lá residirei, pois eu o desejei"*, diz a tradução de Dhormes. Desejar residir, como numa palavra, um só e mesmo movimento, porque não há desejo sem esta reivindicação eletiva, sem esta demanda exclusiva de uma residência singular:

"Oui, I$^{adonaï}_{HV}$H a choisi Siôn; il s'est épris d'elle pour y habiter.
Voici mon repos à jamais j'habite là; oui, je m'en suis épris"[7].

---

7. *Psaumes* (Salmos), 132, 13, tradução A. Chouraqui.
"C'est là que Iahvé a choisi Sion,
il l'a désirée pour sa résidence:
C'est mon lieu de repos à jamais,
Là je résiderai car je l'ai désiré! (Tradução E. Dhormes)
("É aí que IHVH escolheu Sion,
desejou-a para sua residência:
É meu lugar de repouso para sempre,
Residirei aí porque o desejei")
Este versículo se encontra retraduzido, interpretado, meditado e reinscrito no *Chant d'Outre-Tombe*, de Michal Govrin, para introduzir em particular a uma leitura da Jerusalém de Celan ("Sag, dass Jerusalem ist…"), em *Le passage des frontières*, Éd. Galilée, 1994, p. 228. "Paixão que não larga o Ocidente há vinte e cinco séculos. A de conquistar esta cidade-mulher-ferida. Loucura passional […] Desejo de estar em Jerusalém, de possuí-la. […] o desejo de ser o seu conquistador, seu único dono e amante, esta paixão exclusiva, poderia ter Deus, da Bíblia, como origem e modelo: "Levanta-te, Senhor, para entrar no teu *lugar de repouso*… Porque o Eterno *escolheu* Sion. Ele a *desejou* como habitação. Será lá meu *lugar de repouso para sempre*. Lá habitarei porque *cobicei-a* (*ivitiha*)".

("Sim, I$_{HV}^{adonaï}$H escolheu Sion*; apaixounou-se por ela para nela habitar. Eis meu repouso, para sempre habito lá; sim, apaixonei-me por ela".)

Diz Lévinas outra coisa quando, segundo a figura de um outro Salmo (122, 3), descreve uma Jerusalém "*construída como uma cidade casada*", aqui casada entre a altura celeste de Deus e o aqui embaixo terrestre? Atravessando duas interpretações desta figura, a sionista e a universalista, Lévinas lhes prefere um terceiro sentido, segundo o qual não existe salvação religiosa (dimensão vertical) sem justiça na cidade terrestre e na habitação dos homens (dimensão horizontal). E é em direção a este "*terceiro sentido*" que ganha elã então, uma meditação sobre a Jerusalém da Torá "*no contexto deste urbanismo das cidades-refúgio*"[8], deste "*humanismo ou humanitarismo das cidades-refúgio*"[9].

Multiplicam-se então as alusões ao que isso pode "*significar para nós de atual*"[10], à "*cólera popular*", ao "*espírito de revolta ou mesmo de delinquência em nossas cidades, resultado do desequilíbrio social no qual estamos instalados*"[11]. "*Tudo isso não faz de nossas cidades, pergunta ele ainda, cidades-refúgio ou cidades de exilados?*" (*Ibidem*).

Esta leitura de um trecho do tratado *Makoth*, 10 a, relaciona-se mais precisamente à noção de cidade-refúgio que, segundo *Números* (XXXV), Deus ordena a Moisés oferecer a qualquer um que tiver matado sem intenção de matar e que seria perseguido pelo vingador de sangue ou por um "redentor de sangue" (Chouraqui). Trata-se de albergar, para assegurar sua salvação, o assassino involuntário perseguido por um "vingador de sangue". Trata-se de deter às portas da cidade um vingador que se sentiria justificado a fazer justiça lá onde o tribunal é impotente para julgar um culpado "por inadvertência", alguém que mata sem a intenção de matar.

---

* Sion é uma denominação genérica que deriva da colina de Sion em Jerusalém. (N.E.)
8. *Idem*, p. 55.
9. *Idem*, p. 59.
10. *Idem*, p. 56.
11. *Idem*, p. 57.

A primeira preocupação de Lévinas: assinalar que esta injunção divina ordena criar um direito, na verdade um contradireito que permita proteger o assassino involuntário contra o "*direito marginal*" do vingador de sangue. Louvada por Lévinas, esta jurisdição de contradireito é até mesmo bastante refinada, já que ela permite, limitando no tempo o asilo oferecido ao assassino, transformar o asilo em exílio – e hospitalidade em punição. Porque o assassinato objetivo ou involuntário tampouco deve ser totalmente inocentado. Lévinas insiste sobre esta dupla finalidade. Ela é feita especialmente para lembrar-nos que não existe uma tal descontinuidade entre o assassinato voluntário e o assassinato involuntário. Por vezes, invisível, sempre por decifrar, esta continuidade obriga-nos a infinitizar nossa responsabilidade: somos assim responsáveis de nossa falta de atenção e de nossa imprudência, daquilo que não fazemos nem intencionalmente nem livremente, ou mesmo, do que fazemos inconscientemente – porém sempre de maneira significante. Mais adiante aparecerá uma fórmula mais radical: "*Haveria apenas uma raça de assassinos, seja o assassinato cometido involuntariamente ou intencionalmente*"[12].

Trata-se porém, apenas de uma primeira etapa. Na trilha de um outro versículo, deveremos perguntar-nos por que está prescrito que um mestre da Torá siga seu discípulo quando este deve-se exilar em uma cidade-refúgio. Devemos concluir que a Torá propriamente dita tem necessidade de ser protegida e de ser asilada no exílio de uma cidade-refúgio? "A Torá não é cidade-refúgio?" pergunta-se então Lévinas.

Não o sabemos por esta hermenêutica "duvidosa" [ele dirá mais adiante "especiosa"]:
"Como isso é possível? Rabbi Yo'hanan não disse: 'De onde sabemos que as palavras da Torá são um refúgio?' É que está escrito (Deuteronômio, IV, 43[*]): 'foi Bétser no deserto'

---

12. *L'Au-delà du verset*, p. 61.

[*]. Deuteronômio 4, 43: "e fugirá para uma destas cidades e viverá: a Bétser, no deserto, na terra da planície da tribo de Rubem; a Ramot, em Guilead da tribo de Gad; e a Golán em Bashán, da tribo de Menashe", em Torá. A Lei de Moisés, trad. Meir Matzliah Melamed, São Paulo, Sefer, 2001. (N. do T.)

[que Moisés escolheu] e logo após (Deuteronômio, IV, 44*):
'Ora, isto é a Torá de Moisés' "[13].

Depois de ter conferido um certo crédito, depois de ter glosado ou discutido esta "*interpretação especiosa*", Lévinas dá ainda um outro passo. Este nos levaria para-além da "*nobre lição da cidade-refúgio, de sua indulgência e de seu perdão*". Porque apesar do refinamento jurídico que ela introduz, talvez por causa mesmo dessa casuística, a "*nobre lição*" permanece equívoca aos olhos da Torá. Esta pede mais, ela pede mais de Jerusalém, ela exige mais em Jerusalém.

> A Torá é justiça, justiça integral que ultrapassa as situações ambíguas das cidades-refúgios. Justiça integral porque, em suas maneiras de dizer e nos seus conteúdos, apela à vigilância absoluta. O grande despertar no qual toda inadvertência está excluída, mesmo aquela do homicídio involuntário. Por esta Torá definir-se-á Jerusalém, por consequência, cidade da consciência extrema. Como se a consciência de nossa vida habitual estivesse ainda sonolenta, como se ainda não tivéssemos tomado pé no real.
> Aproximâmo-nos das portas de Jerusalém[14].

Justiça integral, Torá-de-Jerusalém, porém justiça cuja vigilância extrema ordena que ela se torne efetiva, que ela se faça direito e política. Uma vez ainda, para-além do Estado *no* Estado, para-além do direito *no* direito, responsabilidade refém do aqui-agora, a lei de justiça que transcende o político e o jurídico, no sentido filosófico destes termos, deve curvar a si tudo – até excedê-lo e obcecá-lo – aquilo que precisamente o rosto excede, no face-a-face ou na interrupção do terceiro que marca a exigência da justiça como direito.

Porque é conveniente insistir ainda e ainda: mesmo se ela é definida como interrupção do face-a-face, a experiência do terceiro, origem da justiça e da questão como colocar-em--questão, não é uma intrusão secundária. A experiência do terceiro é desde o primeiro instante *inelutável*, e inelutável no rosto; mesmo se ela interrompe o face-a-face, ela lhe pertence também, como a interrupção de si, ela pertence ao rosto, ela

---

*. Deuteronômio, 4, 44: "E esta é a lei que pôs Moisés diante dos filhos de Israel", em *ibidem*. (N. do T.)
13. *Idem*, p. 61.
14. *Idem*, p. 64.

só pode se produzir através dele: "*A revelação do terceiro, inelutável no rosto, só se produz através do rosto*"[15].

É como se a unicidade do rosto fosse, em sua singularidade absoluta e irrecusável, *a priori*, plural. Lévinas leva isso em conta, pode-se dizer, desde *Totalidade e Infinito*[16], insistimos nisso bem antes que a "lógica" da substituição, já esboçada em 1961[17], se desenvolva em *De Outro Modo que Ser*... A possibilidade mais geral da substituição, condição simultânea, reciprocidade paradoxal (condição da irreciprocidade) do único e de sua substituição, lugar ao mesmo tempo insustentável e conferido, situação do singular enquanto substituível, lugar irrecusável do próximo e do terceiro, não é a primeira afecção do sujeito na sua ipseidade? Assim entendida, a substituição anuncia o destino da subjetividade, a sujeição do sujeito, o hóspede e o refém: "*O sujeito é um hóspede*" (*Totalidade e Infinito*), "*o sujeito é refém*" (*De um modo outro que ser*...). Como hóspede ou como refém, como outro, como alteridade pura, a subjetividade assim analisada deve ser despojada de todo predicado ontológico, um pouco como este eu puro do qual Pascal dizia que é desvestido de todas as qualidades que se poderia atribuir-lhe, de todas as propriedades que por consequência, enquanto eu puro, e propriamente puro, ele transcende ou excede. Não mais que o eu, o outro não se reduz aos seus predicados efetivos, ao que se pode dele definir ou tematizar. Ele está nu, desnudado de toda propriedade, e esta nudez é também sua vulnerabilidade infinitamente exposta: sua pele. Esta ausência de propriedade determinável, de predicado concreto, de visibilidade empírica, eis o que dá, indubitavelmente, ao rosto do outro uma aura

---

15. *Totalité et Infini*, p. 282.

16. Por exemplo: "O terceiro me olha nos olhos do outro – a linguagem é justiça [...]. O pobre, o estrangeiro apresenta-se como igual. Sua igualdade, nesta pobreza essencial, consiste em referir-se ao *terceiro* assim presente ao encontro e que, no seio de sua miséria, o Outro já serve. Ele *se junta* a mim. Mas ele me junta a ele para servir, ele me comanda como um Mestre. [...] A palavra profética responde essencialmente à epifania do rosto [...] momento irredutível do discurso suscitado essencialmente pela epifania do rosto enquanto atesta a presença do terceiro, da humanidade inteira, nos olhos que me olham" (p. 188).

17. Cf. por exemplo, *Totalité et Infini*, p. 274.

espectral, sobretudo se esta subjetividade do hóspede se deixa anunciar também como visitação de um rosto. *Host* ou *guest*, *Gastgeber* ou *Gast*, o hospedeiro ou o hóspede, não seria apenas um refém. Ele teria ao menos, segundo uma profunda necessidade, a figura do espírito ou do fantasma (*Geist, ghost*). Um dia, alguém mostrou sua preocupação diante de Lévinas quanto ao "caráter fantasmático" de sua filosofia, em particular quando ela trata do "rosto do outro". Lévinas não protestou diretamente. Porém, recorrendo ao argumento que acabo de chamar "pascaliano" ("é preciso que o outro seja acolhido independentemente de suas qualidades"), ele precisa exatamente "acolhido", e sobretudo de maneira "imediata", urgente, sem esperar, como se as qualidades, atributos, propriedades "reais" (tudo o que faz com que um vivente não seja um fantasma) retardavam, mediatizavam ou comprometiam a pureza deste acolhimento. É preciso acolher o outro em sua alteridade, sem esperar, e portanto não se deter para reconhecer seus predicados reais. É preciso pois, para além de uma percepção, receber o outro correndo o risco sempre inquietante, estranhamente inquietante, inquietante como o estrangeiro (*umheimlich*), da hospitalidade oferecida ao hóspede como *ghost* ou *Geist* ou *Gast*. Não há hospitalidade sem essa implicação da espectralidade. Porém, a espectralidade não é nada, ela excede e, portanto, desconstrói todas as oposições ontológicas, o ser e o nada, a vida e a morte – e ela dá. Ela pode dar e ordenar e perdoar, ela pode também não fazê-lo, como Deus para-além da essência. Deus sem o ser, Deus não contaminado pelo ser, não é a mais rigorosa definição do Rosto ou do Completamente Outro? Porém, não é uma apreensão tão espectral quanto espiritual?

Será insignificante que a cidade-refúgio seja em princípio mais do que uma promessa? É uma ordem dada numa situação em que a morte foi dada sem intenção. Porém, a ordem também de salvar da morte um assassino assombrado pelo retorno espectral da vítima, perseguido pela revanche do fantasma, pelos vingadores decididos a matá-lo por sua vez. Daí sua extrema ambiguidade: é um culpado involuntário que é preciso albergar, é a um assassino que é preciso ainda conceder imunidade, uma imunidade ao menos provisória.

Embora excedendo a ambiguidade política ou o equívoco jurídico do qual testemunha ainda a *"nobre lição"* das cidades-refúgio, a Torá, a Torá de Jerusalém, a Torá-Jerusalém deve ainda inscrever a promessa *na* Jerusalém terrestre. E por conseguinte mandar, ordenar comparar os incomparáveis (definição da justiça, da concessão feita, por dever, à sincronia, à copresença, ao sistema, e finalmente ao Estado). Ela deve prescrever, negociar o não negociável para encontrar o *"melhor"* ou o menos ruim.

Nada conta mais gravemente, nada pesa mais fortemente do que as aspas com as quais envolve-se aqui a palavra *"melhor"*, a melhor palavra. A *"civilização política"* é *"melhor"* do que a barbárie, porém ela é apenas *"melhor"*, quer dizer, menos ruim. Ela não é boa, ela permanece um mal menor. Porém, um mal-menor ao qual *é preciso* recorrer, não se deve deixar de recorrer. Porque a conclusão desse texto adverte-nos ainda contra um sionismo que seria apenas uma política, *"um nacionalismo ou um particularismo a mais"*:

> É precisamente por oposição às cidades-refúgio que se compreende esta pretensão da Torá pela qual se define Jerusalém. A cidade-refúgio é a cidade de uma civilização ou de uma humanidade que protege a inocência subjetiva e perdoa a culpabilidade objetiva e todos os desmentidos que os atos infligem às intenções. Civilização política "melhor" do que a das paixões e dos desejos por assim dizer livres, os quais, abandonados ao azar de suas explosões, levam a um mundo em que, de acordo com *Pirké Aboth*, "os homens estão prontos a se engolir vivos uns aos outros"; civilização da lei, seguramente, porém civilização política, hipócrita na sua justiça e onde espreita, com um direito inegável, o vingador do sangue.
>
> O que é prometido a Jerusalém é uma humanidade da Torá. Ela terá podido vencer as contradições profundas das cidades-refúgio: humanidade nova, melhor do que um Templo. Nosso texto, que partiu das cidades-refúgio, lembra-nos ou ensina-nos que a *aspiração* a Sion, que o sionismo, não é um nacionalismo ou um particularismo a mais; que ele não é tampouco simples busca de um refúgio. Que ele é a *esperança* de uma ciência da sociedade e de uma sociedade plenamente humana. E isso em Jerusalém, na Jerusalém terrestre, e não fora de todo lugar, nos pensamentos pios[18].

---

18. *L'Au-delà du Verset*, pp. 69-70. Eu sublinho as palavras "aspiração" e "esperança". Estejamos atentos: quando tenta distinguir o Estado judeu do particularismo ou do nacionalismo, Lévinas fala sempre, mais do que de um fato presente, de uma possibilidade, de uma promessa para o futuro, de uma "aspiração", de um "engajamento" (*cf.* acima, pp.95-96), de uma "esperança"

Pode-se escutar esta promessa?

Pode-se também recebê-la e escutá-la. Pode-se mesmo sentir-se engajado por ela sem portanto permanecer insensível ao silêncio que ela porta no âmago do apelo. O silêncio pode figurar também um hiato, isto é, uma boca aberta para falar e para comer, porém uma boca ainda muda.

Creio escutar esse silêncio, por minha parte, nesta conclusão que diz a "esperança" para-além do "refúgio". Porque nada é aí determinado, eu diria mesmo determinável, quanto à "melhor" política, ao "melhor" direito, seja ele o direito da guerra e o direito das pessoas que responderia "melhor" ou menos mal a esta promessa, num mundo onde reina a lei dos Estados-Nações modernos, na "*civilização política hipócrita*", e na Jerusalém terrestre hoje e amanhã.

Para dizê-lo segundo um discurso filosófico clássico, guarda-se silêncio sobre as regras ou os esquemas (que não existem para a razão pura prática segundo Kant) que nos forneceriam as mediações "melhores" ou menos más: entre a ética ou a santidade da hospitalidade messiânica de uma parte e o "processo de paz", o processo da paz política de outra parte.

---

ou de um "projeto". Por exemplo: "Que a história do povo judeu, em que a *esperança* do Estado judeu terrestre sempre foi essencial, tenha podido colocar em dúvida no cérebro de Sartre a arquitetura soberana e majestosa da lógica hegeliana, não significa isso, ao mesmo tempo, que o Estado em questão não se *abre* duma história *puramente política*, aquela que escrevem vencedores e soberbos? E que um tal *projeto*, longe de significar um *particularismo nacionalista*, é uma das *possibilidades* da humanidade difícil do humano?" Estas linhas concluíam algumas páginas consagradas a Sartre, no momento de sua morte: "Un langage qui nous est familier", em *Emmanuel Lévinas*, Les Cahiers de la nuit surveillée, Verdier, 1984, p. 328. Através de sua evolução desde as *Réflexions sur la Question juive* (Reflexões sobre a questão judaica), Lévinas insistia então sobre a fidelidade de Sartre ao Estado de Israel, "apesar de toda a compreensão manifestada ao nacionalismo palestino e às suas justas dores...", p. 327. A expressão "nacionalismo palestino" não corresponderá jamais a de "nacionalismo israelense". Quando escreve "o que Israel inaugura na Terra Santa não é um nacionalismo nem uma seita a mais", (*Séparation des biens, op. cit.*, p. 465), Lévinas não deixa de evocar a "grandeza religiosa" do projeto sionista: "Não se transporta impunemente a Bíblia nas suas bagagens atuais" (*Ibidem*). Não esqueçamos, não esqueçamos jamais que a mesma Bíblia viaja também nas bagagens dos palestinos, que eles sejam muçulmanos ou cristãos. Justiça e tercialidade.

Esse silêncio nos chega a partir de um abismo.

Esse silêncio, faça eco, àquele do fundo do qual Elias se ouvia ser chamado, ele completamente só ("Como, você aqui, Elias, o que você tem para *fazer* aqui?"), do fundo de uma voz que mal era uma voz, de uma voz quase inaudível, de uma voz que mal se distinguia de uma brisa leve, de uma voz tão sutil quanto um silêncio, uma voz quase inaudível, porém uma voz que Elias acreditou perceber depois de ter procurado em vão a presença de Deus sobre a montanha, no sopro, depois no sismo, depois no fogo, uma voz que pergunta ("O que você tem a fazer? Você, aqui?") e que ordena: "Vai"[19].

Mais intratável que o sopro, o sismo e o fogo, o silêncio dessa voz, em todo caso, não é qualquer abismo, e não é necessariamente um mau abismo. Pode-se mesmo tentar delimitar seus bordos. Ele não silencia sobre a necessidade de uma *relação* entre a ética e a política, a ética e a justiça ou o direito. *É preciso esta relação*, ela deve existir, é preciso deduzir uma política e um direito da ética. É preciso esta dedução para determinar o "melhor" ou o "menos ruim", com todas as aspas que se impõem: a democracia é "melhor" do que a tirania. Até mesmo em sua natureza "*hipócrita*", a "*civilização política*" permanece "melhor" do que a barbárie.

Qual consequência deveríamos tirar disso? Teria Lévinas subscrito às consequências que nós nos arriscamos a formular até aqui, àquelas que avançamos agora? Qualquer que seja nosso desejo de fidelidade, não podemos responder a esta questão, *devemos* não pretender fazê-lo, nem responder pelo que o próprio Lévinas teria respondido. Por exemplo, quanto ao que dizíamos acima do perjúrio da justiça e quanto à literalidade do que se segue, lá onde interpreto este silêncio entre a ética e a política, a ética e o direito.

Como entender este silêncio? E quem pode entendê-lo?

Ele parece-me ditar o seguinte: a injunção *formal* da dedução permanece irrecusável, e ela não espera nada mais

19. *Reis*, I, 19, 13-15.

que o terceiro ou a justiça. A ética impõe uma política e um direito; esta dependência e a direção desta derivação condicional são tão irreversíveis quanto incondicionais. Porém, o *conteúdo* político ou jurídico assim conferido permanece, pelo contrário, indeterminado, sempre a determinar para-além do saber e de toda apresentação, de todo conceito e de toda intuição possíveis, singularmente, na palavra e na responsabilidade *tomadas* por cada um, em cada situação, e a partir de uma análise a cada vez única – única e infinita, única porém *a priori* exposta à substituição[20], única e no entanto geral, interminável apesar da urgência da decisão. Porque a análise de um contexto e das motivações políticas não tem fim desde que ela inclua em seu cálculo um passado e um futuro sem limite. Como sempre, a decisão permanece heterogênea ao cálculo, ao saber, à ciência e à consciência que no entanto a condicionam. O silêncio do qual falamos, o silêncio que antes de mais nada tentamos escutar, é o entretempo elementar e decisivo, o entretempo instantâneo da decisão, o entretempo que desarranja o tempo e coloca-o fora de si (*"Out of joint"*) na anacronia e no contratempo: quando a lei da lei se expõe, ela própria, *por ela mesma*, na não lei, tornando-se ao mesmo tempo hóspede e refém, o hóspede e o refém do outro, quando a lei do único deve-se entregar à substituição e à lei da generalidade – caso contrário, obedeceríamos a uma ética sem lei –, quando o "tu não matarás" – onde se juntam a Torá e a lei da paz messiânica – ordena ainda a qualquer Estado (o de César ou o de David, por exemplo) de autorizar-se a formar um exército, a guerrear ou a policiar, a controlar suas fronteiras – a matar. Não abusemos dessas evidências, porém não as esqueçamos muito rapidamente.

20. "*A priori* exposta à substituição" – isto é, talvez "antes" de todo sacrifício, independentemente de toda experiência sacrificial, mesmo se esta pudesse encontrar aí justamente sua possibilidade. Enquanto palavra e enquanto conceito, este *a priori* (ao mesmo tempo formal e concreto) tem lugar no discurso de Lévinas? Não é certo. Trata-se da imensa questão das relações entre substituição e sacrifício, entre o ser-refém, o ser-hóspede e a experiência sacrificial. Lévinas serve-se frequentemente da palavra "sacrifício" para designar a "substituição precedendo a vontade" (por exemplo, *Autrement qu'être...*, p. 164), mesmo se ele refere esta palavra ao seu sentido judaico, a aproximação ("A aproximação, na medida em que ela é sacrifício...", *Idem*, p. 165).

Porque o silêncio a partir do qual falamos não é sem dúvida estranho à não resposta pela qual Lévinas define frequentemente o morto, a morta, uma morte que não significa o nada. Esta não resposta, esta interrupção da resposta não espera a morte sem alguma frase, ela espaça e torna descontínuas todas as frases. Permanece o hiato, o silêncio dessa não resposta sobre os esquemas entre a ética e o político. Que ele permanece é um fato e este fato não é uma contingência empírica, é um *Faktum*.

Porém, ele deve também permanecer entre a promessa messiânica e a determinação de uma regra, de uma norma ou de um direito político. Ele marca uma heterogeneidade, uma descontinuidade entre duas ordens, ainda que fosse no interior da Jerusalém terrestre. Entretempo de uma indecisão a partir da qual apenas uma responsabilidade ou uma decisão devem ser *tomadas* e devem determinar-se. É mesmo a partir dessa não resposta que uma palavra pode ser *tomada*, e sobretudo *dada*, que alguém pode pretender "tomar a palavra", tomar a palavra em política, por fidelidade à palavra dada, à "palavra de honra" que evocávamos ao começar.

Esse silêncio é pois também aquele de uma palavra dada.

Ele dá a palavra, ele é o dom da palavra.

Essa não resposta condiciona minha responsabilidade, lá onde eu sou o único que deve responder. Sem o silêncio, sem o hiato – que não é ausência de regras, mas sim necessidade de um salto no instante da decisão ética, jurídica ou política – só teríamos que desenvolver o saber em programa de ação. Nada seria mais irresponsabilizante e mais totalitário.

Essa descontinuidade, aliás, permite subscrever tudo o que Lévinas nos diz da paz ou da hospitalidade messiânica, do para-além do político no político, sem necessariamente partilhar todas as "opiniões" que, no seu discurso, provêm de uma análise intrapolítica das situações reais ou da efetividade, hoje em dia, da Jerusalém terrestre, ou mesmo, de um sionismo que não seria mais um nacionalismo a mais (porque sabemos melhor do que nunca, todos os nacionalismos pretendem ser exemplarmente universais, cada um alega essa exemplaridade e pretende ser mais do que um nacionalismo a mais). Mesmo se, *de fato*, parece difícil manter uma fé na eleição, e sobretudo na eleição de um povo eterno, ao abrigo de toda tentação "nacionalista" (no sentido moderno desse termo), mesmo se parece difícil dissociá-las na efetividade política de todo Estado-Nação (e não apenas de Israel), é preciso constatar em Lévinas: ele sempre quis subtrair sua temática (tão central, tão forte, tão determinante) da eleição a toda sedução nacionalista. Poder-se-ia citar mil provas disso. Contentêmo-nos de lembrar, dentre os extraordinários artigos políticos de 1935 a 1939[21], aqueles que colocavam sempre a Aliança acima ou para-além de um "nacionalismo judeu"[22].

O mesmo hiato libera o espaço, ele pode dar seu lugar a uma sutil, difícil, porém necessária dissociação analítica na estrutura dos argumentos e no lugar dos enunciados. Por exemplo, no discurso de Lévinas. Ousaria eu dizer que não me privo jamais e que creio – na fidelidade admirativa e no respeito que devo a Emmanuel Lévinas – jamais dever me privar do direito a essa análise, até mesmo, à discussão de tal ou tal proposição num texto que não pode ser homogêneo porque ele sabe interromper-se? Porque o mesmo texto permite pensar, não esqueçamos jamais, a contradição interna ao Dizer, o que chamávamos a ContraDicção, cesura íntima porém inspiração e respiração elementar do Dizer.

Não seria necessária essa discussão lá onde se trata justamente da responsabilidade diante do outro, no face-a-face ou na atenção ao terceiro, no próprio lugar em que a justiça é contradicção não dialetizável?

---

21. Ver aqueles que foram reunidos e apresentados por Catherine Chalier sob os títulos "Épreuves d'une pensée" e "Quelques réflexions sur la philosophie de l'hitlérisme" no *Cahier de l'Herne* consagrado a Emmanuel Lévinas sob a direção de Catherine Chalier e de Miguel Abensour, Éd. de l'Herne, 1991.

22. "Com a secularização de todos os valores espirituais que se operou no decorrer do século XIX, nasceram as doutrinas nacionalistas judaicas e essa assimilação fácil que preparava o desaparecimento puro e simples do judeu. Duas maneiras de escapar, de renunciar ao fato da diáspora; duas vias nas quais a Aliança sempre se recusou a entrar. Ela permanece fiel a uma vocação mais antiga. Ao proclamar que o judaísmo era apenas uma religião, ela pede aos judeus mais, e não menos, que o nacionalismo judeu, ela lhes oferece uma tarefa mais digna do que a judaização". "L'inspiration religiuse de aliançe", 1935, em *L'Herne, op. cit.*, p. 146.

Esse mesmo dever de análise me impeliria a dissociar – com todas as consequências que podem seguir-se – uma "messianicidade" estrutural, uma irrecusável e ameaçante promessa, uma escatologia sem teleologia de todo messianismo determinado: uma "messianicidade" antes ou sem um messianismo incorporado por tal revelação num lugar determinado sob o nome de Sinai ou de Monte Horev.

Mas não é o próprio Lévinas que nos terá feito sonhar, em mais de um sentido, com uma revelação da Torá antes do Sinai? Ou mais precisamente de um *reconhecimento* da Torá antes mesmo dessa revelação?

E Sinai, o nome próprio *Sinai*, carrega ele uma metonímia? Ou uma alegoria?[23] O corpo nominal de uma interpretação apenas decifrável que vem nos lembrar, sem forçar nossa certeza, o que teria vindo *antes* do Sinai, ao mesmo tempo o rosto, a retirada do rosto e o que, em nome do Terceiro, quer dizer, da justiça, no Dizer contradiz o Dizer? Sinai: a Contra-Dição propriamente dita.

O que gostaria de sugerir, em suma, vem estremecer aqui, e talvez comunicar estremecendo uma inquietação, algum temor e estremecimento diante do que "Sinai", o nome próprio, quer dizer, o que se chama e nos chama assim, o que responde por esse nome a partir desse nome.

O nome próprio "Sinai" tornar-se-ia tão enigmático quanto o substantivo "rosto". No singular ou no plural, guardando a memória do seu sinônimo hebraico, o que se chama aqui "rosto" começa também a se parecer com algum nome próprio intraduzível. Mas isso só aconteceria em virtude de um acidente de tradução.

De uma *outra tradução*, de um outro pensamento da tradução. Sem véspera a partir da antevéspera. Sem original a partir de um pré-originário. Porque "rosto" e "rostos" – que deveria escrever-se ao mesmo tempo no singular e no plural, segundo o único, segundo o face-a-face e segundo o mais-de-dois do

---

23. Ou uma parábola? "Segundo uma parábola talmúdica, todos os judeus, passados, presentes e futuros encontravam-se ao pé do Sinai, de uma certa maneira, todos estiveram presentes em Aucshwitz" (*Séparation des biens, op. cit.*, p. 465).

terceiro, *rostos*, pois, não é, assim, mais do que um nome bem antigo, um singular plural reinventado na língua francesa, um poema acordando por sua vez uma outra língua francesa, dando--nos, ao compor nela um novo acorde, uma língua ainda inédita para o outro homem, o homem enquanto outro ou estrangeiro, o homem outro, o outro *do* homem ou outro *que* homem?

Tal nominação, sim, teria sido acordada à língua francesa. Ela foi aí traduzida, ela a visitou, ela é agora seu refém, como um nome próprio intraduzível fora da língua francesa.

Nessa história, quem foi hóspede? Quem o será?

A palavra *a-Deus* pertence ao mesmo acorde. Antes o nome, antes o verbo, do fundo do apelo ou da saudação silenciosa, ele vem à nominação para chamar o nome pelo nome. Sem um nome, sem um verbo, bem perto do silêncio, A-Deus se acorda ao rosto.

Ora, "reencontramos a morte no rosto do outro"[24].

Lembramos, há pouco, o sentido infinito do *a-Deus*, a ideia de infinito que ultrapassa o pensamento desse adeus, e o *cogito*, e a intencionalidade noético-noemática, e o saber, e a objetividade, e a finalidade etc. Mas neutralizar-se-ia o idioma se nos contentássemos em traduzir *a-Deus* por "ideia do infinito no finito" e em reduzir seu sentido a essa ideia, a esse transbordamento do sentido. Utilizar-se-ia isso como pretexto para esquecer a morte. Ora, todo o pensamento de Lévinas, do começo ao fim, foi uma meditação da morte, uma meditação que desviou, desorientou, colocou fora de si tudo o que, na filosofia, de Platão a Hegel e a Heidegger, foi também, e sobretudo, preocupação com a morte, *epimeleia thanatou, Sein zum Tode*. Quando reinventa o pensamento do *a-Deus*, Lévinas pensa, seguramente, tudo o que acabamos de evocar sob esta denominação, mas sem se afastar daquilo que ele teve para ensinar da morte, contra ou à margem da tradição filosófica. E não pela primeira vez, mas em parti-

---

24. Curso *Sur la mort et le temps*, em L'Herne, *op. cit.*, p. 68, retomado em *Dieu, la mort et le temps*, Éd. Grasset, editado por Jacques Rolland, 1993, p. 122.

cular nos seus cursos sobre *A Morte e o Tempo* ou, sobretudo, num artigo de 1983 sobre *A Consciência não Intencional*. O *a-Deus*, sem dúvida, testemunha o excesso de um infinito de sentido, o mais-de-sentido ao infinito mas, se posso dizer, na hora da morte. E de uma morte da qual não se deve mais abordar segundo a alternativa do ser e do nada. Então, na hora dessa morte, a saudação ou o apelo se dizem *a-Deus*. Lévinas acaba de lembrar a "retidão extrema do rosto", mas também a "retidão de uma exposição sem defesa à morte" e "um pedido a mim dirigido do fundo de uma solidão absoluta". Através desse pedido chegar-me-ia, mas também como uma atribuição "o que se chama a palavra de Deus". Ela se dá a escutar no a-Deus:

> O Infinito não poderia ter significado para um pensamento que vai rumo a seu fim e o a-Deus não é uma finalidade. É talvez, por essa irredutibilidade ao escatológico do a-Deus ou do temor de Deus que se interrompe, no humano, a consciência que se dirige para o ser em sua perseverança ontológica ou para a morte, que ela toma como sendo pensamento último, que a palavra glória significa, para além do ser. A alternativa do ser e do nada não é a última. O a-Deus não é um processo do ser: no apelo, sou remetido ao outro homem, por quem este apelo obtém significado, ao próximo por quem temo[25].

Na mesma partitura, Lévinas servia-se, por vezes diferentemente da palavra a-Deus num outro registro. Ele queria dizer a mesma coisa, sem dúvida, mas a uma altura menos magistral. Simultaneamente, no curso da mesma década, ele começava com uma espécie de murmúrio sorridente a dizer adeus à vida. Como alguém que se sente e sabe envelhecer, e sabe que o tempo é adeus, ele dizia o que quer dizer a-Deus, numa certa idade, como ele se servia então dessa palavra, a-Deus, tudo o que ele colocava nela ("como eu me exprimo agora"), e que acabamos de lembrar, por exemplo, a vulnerabilidade:

> Eu não contesto que estejamos sempre de fato nesse mundo, mas é um mundo onde somos alterados. A vulnerabilidade é o poder de dizer adeus a esse mundo. Dizemos adeus a ele ao envelhecer. O tempo dura à guisa desse adeus e do a-Deus[26].

---

25. "La conscience non intentionnelle, em L'Herne, *op. cit.*, pp. 118-119.
26. *De Dieu qui vient à l'idée*, p. 134.

E ainda o a-Deus como tempo, mais precisamente como futuro *"segundo a maneira que me é própria e que consiste em tratar do tempo a partir do Outro"*:

> Ele [o tempo] é segundo seu sentido (se podemos falar do sentido sem intencionalidade: sem visão nem mesmo intenção) espera paciente de Deus, paciência da desmedida (um a-Deus, como me exprimo agora); mas espera sem esperado[27].

Deixemos a última palavra a Emmanuel Lévinas. Uma palavra para o órfão, uma palavra da qual não gostaríamos de desviar a destinação ao dirigi-la talvez a esse outro órfão de sempre, órfão do orfanato propriamente dito, a esse órfão sem pai, se podemos dizer ainda, sem pai morto, esse órfão, essa órfã também, para quem a *"fecundidade infinita"*, *"o infinito da paternidade"* e a *"maravilha da família"*[28] propriamente dita permaneceriam uma certeza interdita, o lugar de uma questão mais antiga, ainda mais imemorial, a urgência de uma preocupação de hospitalidade ainda insaciável.

27. *Idem*, p. 151.
28. Ainda uma vez a "maravilha da família" entre – ou para-além de – Hegel, Kierkegaard e Rosenzweig: "A situação em que o eu se põe assim diante da verdade ao colocar sua moralidade subjetiva no tempo infinito de sua fecundidade – situação em que se encontram reunidos o instante do erotismo e o infinito da paternidade – concretiza-se na maravilha da família. Ela não resulta apenas de uma acomodação razoável da animalidade, ela não marca simplesmente uma etapa em direção à universalidade anônima do Estado. Ela se identifica fora do Estado, mesmo se o Estado lhe reserva um quadro". *Totalité et Infini*, p. 283.

Nenhuma das questões que podem inspirar essas interpretações da família e da patenidade deve cegar-nos para algumas irredutíveis complicações: não apenas, havíamos assinalado, o ser feminino significa a origem da ética, enquanto "acolhedor por excelência", mas ainda a *paternidade* não se reduz jamais à *virilidade*, um pouco como se, na família, ela perturbasse a ordem da diferença sexual. Dizíamos acima esse paradoxo: a paternidade é, aos olhos do Estado, a própria anarquia. A virilidade da virtude heroica, pelo contrário, é frequentemente associada, com uma conotação negativa, à guerra e ao Estado. A última página de *Totalité et Infini* faz da palavra *viril* um uso que é, em todos os outros lugares, submetido à mesma regra. Trata-se a cada vez da coragem política e guerreira que arrisca a morte no tempo *finito* do Estado, por oposição à fecundidade inifinita da relação pai/filho. "Nos antípodas do sujeito vivente no tempo infinito da fecundidade situa-se o ser isolado e heroico produzido pelo Estado e suas virtudes viris".

Vamos nos manter, por ora, no que Lévinas pronuncia, literalmente, em outro lugar, a respeito da "revelação sinaítica" da Torá, e de uma tradução, de um pensamento da tradução *a inventar*, um pouco como a própria política.

Que significa essa noção da origem celeste da Torá? No sentido literal, seguramente, é uma referência à Revelação sinaítica, à origem divina do texto. Não se trata de afastá-la. Porém, se não é possível descrever a significação vivida de tais termos, pode-se perguntar em qual experiência ela é abordável [...] *buscar uma tradução que o excesso propriamente religioso da verdade já supõe* [...]. A Torá é transcendente e do céu por suas exigências que decidem, enfim, sobre a pura ontologia do mundo. Ela exige, contra a natural perseverança de cada ser em seu ser próprio – lei ontológica fundamental – *a preocupação pelo estrangeiro, pela viúva e pelo órfão, a preocupação pelo outro homem*[29].

---

29. *À l'heure des nations*, pp. 73-74. Eu sublinho.

FILOSOFIA NA DEBATES

O Socialismo Utópico
   Martin Buber (D031)
Filosofia em Nova Chave
   Susanne K. Langer (D033)
Sartre
   Gerd A. Bornheim (D036)
O Visível e o Invisível
   M. Merleau-Ponty (D040)
Linguagem e Mito
   Ernst Cassirer (D050)
Mito e Realidade
   Mircea Eliade (D052)
A Linguagem do Espaço e do Tempo
   Hugh M. Lacey (D059)
Estética e Filosofia
   Mikel Dufrenne (D069)
Fenomenologia e Estruturalismo
   Andrea Bonomi (D089)
A Cabala e seu Simbolismo
   Gershom Scholem (D128)
Do Diálogo e do Dialógico
   Martin Buber (D158)
Visão Filosófica do Mundo
   Max Scheler (D191)
Conhecimento, Linguagem, Ideologia
   Marcelo Dascal (org.) (D213)
Notas para uma Definição de Cultura
   T. S. Eliot (D215)
Dewey: Filosofia e Experiência Democrática
   Maria Nazaré de C. Pacheco Amaral (D229)

Romantismo e Messianismo
   Michel Löwy (D234)
Correspondência
   Walter Benjamin e Gershom Scholem (D249)
Isaiah Berlin: Com Toda a Liberdade
   Ramin Jahanbegloo (D263)
Existência em Decisão
   Ricardo Timm de Souza (D276)
Metafísica e Finitude
   Gerd A. Bornheim (D280)
O Caldeirão de Medeia
   Roberto Romano (D283)
George Steiner: À Luz de Si Mesmo
   Ramin Jahanbegloo (D291)
Um Ofício Perigoso
   Luciano Canfora (D292)
O Desafio do Islã e Outros Desafios
   Roberto Romano (D294)
Adeus a Emmanuel Lévinas
   Jacques Derrida (D296)
Platão: Uma Poética para a Filosofia
   Paulo Butti de Lima (D297)
Ética e Cultura
   Danilo Santos de Miranda (D299)
Emmanuel Lévinas: Ensaios e Entrevistas
   François Poirié (D309)
Preconceito, Racismo e Política
   Anatol Rosenfeld (D322)
Razão de Estado e Outros Estados da Razão
   Roberto Romano (D335)

Este livro foi impresso na cidade de São Paulo, nas oficinas da Mark Press Brasil, em abril de 2015, para a Editora Perspectiva.